ENFRENTA TUS TEMORES

CHRISTIN DITCHFIELD

ENFRENTA TUS TEMORES

SÉ LIBRE DE LAS PREOCUPACIONES PERSISTENTES Y LOS MIEDOS PARALIZANTES

EDITORIAL PORTAVOZ

La misión de *Editorial Portavoz* consiste en proporcionar productos de calidad —con integridad y excelencia—, desde una perspectiva bíblica y confiable, que animen a las personas a conocer y servir a Jesucristo.

Originally published in English under the title:
What Women Should Know About Facing Fear by Christin Ditchfield

Published by Leafwood Publishers
an imprint of Abilene Christian University Press
1626 Campus Court
Abilene, Texas 79601
Published in association with William K. Jensen Literary Agency,
119 Bampton Court, Eugene, Oregon 97404.

International rights contracted through:
Gospel Literature International, P.O. Box 4060, Ontario, California 91761 1003 USA

This translation published by arrangement with
Leafwood Publishers, an imprint of Abilene Christian University Press.

Spanish edition: *Enfrenta tus temores* © 2014 por Editorial Portavoz, filial de Kregel Publications, Grand Rapids, Michigan 49505.

Traducción: Belmonte Traductores, www.belmontetraductores.com

EDITORIAL PORTAVOZ
2450 Oak Industrial Dr. NE
Grand Rapids, Michigan 49505 USA
Visítenos en: www.portavoz.com

ISBN 978-0-8254-1357-5 (rústica)
ISBN 978-0-8254-0841-0 (Kindle)
ISBN 978-0-8254-7951-9 (epub)

1 2 3 4 5 / 18 17 16 15 14

Impreso en los Estados Unidos de América
Printed in the United States of America

Contenido

Al Pastor que me llamó
del Valle de la Humillación
al Reino del Amor.

Me hablaste con ternura,
me guiaste con bondad amorosa,
me libraste de todos mis temores,
y me cautivaste con tu amor.

Mi corazón es tuyo para siempre,
por siempre y por completo.

Reconocimientos

Estoy profundamente agradecida a mi preciosa familia y a mis estimados amigos por todo su amor, ánimo y oraciones. Son una parte muy importante de cada libro que escribo y de cada palabra que hablo. No podría hacer lo que hago —ni sería lo que soy— sin ustedes.

Un reconocimiento especial a mi agente literario, Bill Jensen, y a su esposa, Sheila, por creer en mí y en el ministerio al que Dios me ha llamado. Gracias a Gary Myers y al equipo de Leafwood por ver la necesidad de este libro, compartir la visión, ¡y convertirlo en una realidad!

Al escribir un libro para y acerca de las mujeres, no puedo evitar tener presentes de manera particular a las muchas mujeres que Dios ha usado para moldear, de una manera poderosa, mi vida y mi corazón. En especial aquellas que Él colocó a mi lado al principio mientras yo aprendía a encontrar la valentía para enfrentar mis temores. Están quienes llegaron a mi vida por un momento —breve, pero muy significativo— «para un momento tal como este». Hay algunas que fueron enviadas para una temporada. Y hay otras que son y siempre serán mis amigas «para siempre». Están aquellas a quienes he conocido de manera personal e íntima, y otras a las que nunca conocí; algunas que incluso pueden haber vivido y muerto antes de que ni siquiera yo naciera, pero cuyos testimonios y sabias palabras me han retado, animado e inspirado.

Desearía poder mencionarlas aquí a todas (y una parte de mí quiere intentarlo desesperadamente), pero sé en mi corazón que sencillamente resulta imposible. ¡Son demasiadas! Y estoy segura de que, accidentalmente, excluiría a algunas. Solo puedo dar gracias a Dios cada vez que pienso en estas mujeres sorprendentes, orar para que Él las bendiga abundantemente más allá de todo lo que puedan imaginar o pedir, e intentar ser un tributo vivo, un fiel reflejo de todo lo que ellas me han enseñado y de Aquel hacia quien ellas me dirigieron.

Introducción

Ganas fuerza, coraje y confianza con cada experiencia en la que realmente te detienes a mirar al miedo a la cara… Debes hacer lo que piensas que eres incapaz de hacer.

Eleanor Roosevelt

El temor es algo que cada una de nosotras debe enfrentar. Nos afecta a todas, de diferentes maneras, en distintas épocas y en diversas etapas de nuestra vida. Llega de muchas formas y tamaños. Y se disfraza. Algunas veces es esa pequeña criatura insistente, mortificando en los rincones de nuestra mente, desmoronando nuestra paz poquito a poco. Otras, es un monstruo que invade nuestro pecho, colapsando nuestros pulmones, haciendo que nos sea imposible respirar. Y bloquea nuestra visión para que no podamos ver.

Lo cierto es que algunos de nuestros temores son un poco absurdos, quizá incluso ridículos, totalmente imaginarios. Otros son terriblemente reales. Algunos temores pueden ser mortales; literalmente, pueden costarnos la vida. O pueden privarnos de emprender acciones que salvarían nuestra vida. Otros temores nos impiden vivir nuestra vida. Nos roban, en verdad, la capacidad de experimentar la vida y de disfrutarla. Algunos temores nos impiden llegar a ser las mujeres que anhelamos ser, las mujeres que estábamos destinadas a ser. Nos paralizan y no hacemos lo que realmente queremos, lo que realmente necesitamos hacer, como escribir un libro. Un libro acerca de cómo enfrentar el temor, por ejemplo.

Por más de veinte años he hablado en conferencias y retiros para mujeres, y muchas veces el tema ha sido el temor: cómo enfrentar nuestro temor, encontrar a Dios en medio del temor, escoger la fe en lugar del temor. El tema forma una parte muy grande de mi propia historia, de mi propio viaje espiritual. ¡Me emocioné cuando una editorial finalmente me pidió que escribiera sobre ello! Pero, después, con una fecha de entrega a la vista, de repente me di cuenta:

Tenía miedo a escribir este libro. (Sí, soy consciente de la ironía).

Es solo que se trata de un tema de vital importancia. Tenía miedo a no hacerle justicia. Tenía miedo a enfocarme demasiado en un aspecto del temor y no lo suficiente en otro. Es probable que sin querer haya pasado por alto algo realmente importante. Me temo (bueno, *lo sé)* que no es posible, en un solo libro, tratar, desde todos los ángulos, la totalidad de los aspectos del temor que cada mujer enfrenta, y no quiero que ninguna mujer que lea este libro se quede sin encontrar la ayuda que necesita.

Sé que, en este libro, necesito hablar más de mi propia historia de lo que he contado en ninguno de los que he escrito hasta ahora, y eso también me asusta. Quiero que sepas que sé lo que es enfrentar el temor; en verdad, he vivido todo esto. No estoy tan solo predicando un puñado de temas piadosos comunes. No obstante, es difícil saber qué decir y cuánto. Tengo miedo a no hacerlo correctamente. Deseo ser auténtica y cercana. Pero ¿y si simplemente parezco paranoica y patética?

He tenido el privilegio de escribir unos cuantos libros. Siempre es una increíble bendición cada vez que oigo que Dios ha usado algo que he escrito para tocar el corazón o la vida de alguien. Al mismo tiempo, siempre habrá personas a quienes no les guste lo que escribo, personas que retuercen las cosas y las sacan de contexto, personas que me juzgan equivocadamente o me malentienden. En definitiva, sé que escribo para una audiencia de una sola Persona, y que el deseo de mi corazón es hacerlo todo en las fuerzas de Él, para su gloria y por su gracia. Amén. Él conoce mi corazón; Él sabe la verdad, y eso es lo que importa. Pero, sinceramente, algunos días tengo miedo de las palabras horribles que podría encontrar en mi correo electrónico o de alguna opinión en línea. Son días cuando me permito quedar atada tratando de anticipar cada posible crítica y evitarla al escribir cada frase tan perfectamente que resulte imposible encontrar una falta.

Después llega la lucha espiritual que el escribir un libro como este entraña. El temor es una de las más potentes armas de Satanás, una que parece especialmente eficaz contra las mujeres. ¿Al levantarme y hablar, no me estoy convirtiendo yo misma en un blanco? He visto lo que Satanás es capaz de hacer. ¿En verdad quiero arriesgarme a provocarlo? ¿No he tenido ya suficiente?

¿Ves a lo que me refiero? Todo este temor podría resultar paralizante. En verdad, durante un tiempo lo fue. Pero, según se acercaba la fecha de entrega, tuve que hacer algo; mucho, en realidad.

Tuve que enfrentar mis temores —cada uno de ellos— y vencerlos.

Tuve que practicar todo lo que Dios me ha estado enseñando a través de los años, mediante su Palabra, y a través del sabio consejo y ejemplo piadoso de mis hermanos y hermanas en Cristo. Se trata de las mismas cosas que quiero compartir contigo, de las que vamos a platicar en este libro.

Estoy segura de que ya conoces algunas de ellas; quizá (como yo) solo necesitas recordarlas. Otras probablemente sean nuevas. Incluso, otras quizá no sean para ti, sino para compartirlas con alguna amiga o miembro de tu familia, alguien a quien conozcas; alguna persona que esté enfrentando su propia batalla con el temor.

Como tú, y como yo.

Mira, ese es el asunto. La realidad es que, cuando se trata de enfrentar el temor, no importa lo que estamos sintiendo, no importan nuestras circunstancias, no importa lo que el enemigo nos diga, no estamos solas. Jamás estamos solas. Tenemos a nuestras hermanas. Y tenemos un Salvador fuerte y poderoso que nos ha dado esta preciosa promesa:

> Nunca te dejaré;
>   jamás te abandonaré (He. 13:5).

La versión Amplified Bible (solo en inglés) lo expresa así:

> Él [Dios] mismo ha dicho: ¡de ninguna manera te fallaré, *ni* te abandonaré *ni* te dejaré sin apoyo. ¡No [lo haré], no [lo haré], de ningún modo te dejaré sin ayuda *ni* te abandonaré *ni* [te] decepcionaré (no aflojaré mi mano que te sostiene)! [¡Te aseguro que no!].

Por tanto, en los días en que tus temores te parecen demasiados —cuando simplemente no puedes enfrentarlos—, desliza tu mano sobre la suya. Escóndete detrás de Él si quieres. O aún mejor, súbete a sus brazos y reclina tu cabeza sobre su pecho. Escucha el latido de su corazón. Deja que su perfecto amor eche fuera todo temor y te llene de su perfecta paz.

Déjame mostrarte cómo.

Capítulo uno

Mucho Miedo y yo

No es necesario ser una habitación para
sentirse hechizado;
no es necesario ser una casa.
El cerebro tiene pasillos que superan
el límite del espacio físico.

Emily Dickinson

He aprendido a decirle a la gente que tuve una infancia maravillosa. Y es verdad, como diría Obi-Wan, «desde cierto punto de vista». Me crié en una familia fabulosa, rodeada de unos padres amorosos, unos abuelos que me adoraban, tíos y tías, primos y hermanos que eran mis compañeros de juego y mis mejores amigos. Todos estábamos muy unidos. Incluso vivíamos en la misma casa grande, y, tiempo después, en casas separadas en la misma propiedad. Nos parecíamos mucho a los Waltons o los Ingalls de *La casa de la Pradera,* dos de los programas de televisión de más éxito de ese tiempo. Y, como los Waltons o los Ingalls, éramos una familia de fe.

Según mi álbum de bebé, mi primera palabra fue «Jesús». Piensa en cuántas veces tendría que haber oído su nombre los primeros meses de mi vida para que pasara así. En realidad, me resulta imposible recordar alguna época en que no lo haya conocido. Mi abuela solía contarme que me veía predicar a mis muñecas cuando tenía tres años.

Suena a una infancia dichosa, ¿verdad? En especial para mis dulces amigas que han sufrido los horrores del maltrato o el abandono y la negligencia. De adulta he aprendido a ser muy agradecida por mi familia. He aprendido a considerarme a mí misma bendecida de manera extraordinaria. He aprendido a enfocarme en los recuerdos felices de mi infancia y (consciente o inconscientemente) olvidar el resto.

Parece que todo sucedió hace muchísimo tiempo y está lejano, y de alguna manera desconectado de quién soy en la actualidad. El tiempo, la distancia y las experiencias de la vida nos dan perspectiva. Pero, si me hubieras preguntado sobre mi infancia cuando yo era adolescente o cerca de los veinte, te habría dicho que mi mayor recuerdo era el temor.

De niña, estaba llena de temor. Todo tipo de temores. Tenía miedo a la oscuridad. Tenía miedo a los grillos, a las ranas y a las arañas; parecía que me tropezaba con estos casi a diario. Los perros me aterraban por completo.

Yo sabía que no existían los monstruos, pero a veces podía sentir la presencia del mal. Sabía que el diablo y los demonios eran reales.

Como todos los niños, a pesar de cuán protectores sean sus padres, yo vi cosas que no debería haber visto en películas y en la televisión. Mis maestros, intentando cultivar mi amor por la lectura, a veces me daban libros que eran demasiado avanzados para mí.

Muchos de mis temores me los guardaba para mí misma, escondidos en mi interior, donde me atormentaban en silencio. Otros no lograba esconderlos. Cuando un insecto rastrero se metía en casa, por ejemplo, o cuando visitábamos a amigos que tenían mascotas… o todas las ocasiones en que no conseguía dormir por la noche.

Mis padres intentaron ayudarme con todo lo que pudieron pensar. Me hablaban, me escuchaban, oraban conmigo. A veces llegaban en mi socorro. En otras ocasiones procuraban ser firmes, forzándome a enfrentar el temor de ese día con la esperanza de que eso me ayudaría a superarlo. En algunas oportunidades probaban razonando conmigo. A veces solo me abrazaban.

Incluso de niña sabía que mis temores eran absurdos e irracionales, pero eso no me hacía menos miedosa. Me hacía sentir avergonzada. Incluso en esas situaciones yo sabía que Dios me amaba, que Él me cuidaba y me protegía. Sabía que se suponía que debía confiar en Él y no tener miedo; pero, aun con todo, seguía teniendo miedo, y eso hacía que me avergonzara. Sabía que debía confiar en mis padres y obedecerlos, y quería hacerlo —en verdad quería—. Pero a menudo mi miedo se apoderaba de mí. Y, cuando lo hacía, me avergonzaba de la forma en que me comportaba.

Desesperadamente quería librarme del temor que me atormentaba. Pero no me soltaba. Y, de alguna manera extraña, yo no lo soltaba.

Simplemente empeoraba mientras crecía. Mientras más

aprendía sobre el mundo en que vivimos, más me daba cuenta de que es un lugar aterrador. Comencé a entender que mis padres no lo veían todo, no lo sabían todo ni eran todopoderosos. No podían protegerme de todo. Solo Dios podía hacerlo. Pero comencé a preguntarme si Él lo haría.

¡Vaya época!

No temeré, porque tú estás siempre conmigo y nunca me dejarás enfrentar mis peligros solo.

Thomas Merton

Yo tenía diez años cuando mi hermanita murió. Tenía solo tres meses de edad. Sucedió por el síndrome de muerte súbita del lactante, de modo que no tuvimos ninguna advertencia. Lo que yo sabía fue que ella estaba viva cuando yo me fui a la escuela esa mañana. No obstante, dos horas más tarde, la directora de la escuela entró a mi clase de quinto curso, conmocionada. Supe que algo malo pasaba —muy malo—, cuando ella dijo que mi padre había llegado para llevarme a casa.

En los días siguientes, con lo enloquecedor que debió de haber sido para ellos, mis padres modelaron para mí una fe extraordinaria. Aún puedo ver a mi padre sentado en la sala de estar, escuchando el *Mesías* de Haendel antes de salir para el funeral, corriéndole las lágrimas por el rostro, con las manos alzadas mientras declaraba: «Yo sé que mi Redentor vive...». Todavía puedo ver a mi madre al lado de la tumba, con lágrimas rodando por su rostro y su cabello ondeando al viento, de pie, frente a nuestros amigos y familiares, hablando de la fidelidad de Dios, de su amor y confianza en Él.

Pero, por primera vez, estaba viendo verdadero sufrimiento —angustia, duelo y dolor— de cerca, y nunca más pude ver de nuevo la vida del mismo modo. Y nunca más pude ver de nuevo a Dios del mismo modo. Cuando sabes que a veces Él permite que bebés mueran, ¿cómo consigues sentirte segura? ¿Cómo puedes estar segura del próximo acontecimiento que probablemente Él permita que te ocurra a ti o a tu familia?

Cuando estaba en la secundaria, el motivo de mi temor había cambiado radicalmente. Había dado un enorme giro hacia adentro. En realidad, nunca me había sentido cómoda con los chicos y chicas de mi edad; yo era «diferente», y la verdad es que no encajaba entre ellos. Era torpe y poco atractiva. Me sentía extremadamente cohibida. Me volví horrorosamente tímida. Odiaba que me expusieran a ambientes nuevos y circunstancias no familiares, sin saber adónde ir, qué decir o qué hacer. Tenía mucho miedo a cometer errores, a que las cosas salieran mal o a fallar de alguna manera. Tenía miedo a situaciones embarazosas, a la humillación, al ridículo, al rechazo. No ayudaba el hecho de que en esa época nos habíamos mudado lejos del enclave amoroso de la familia extensa a distintas ciudades y estados, iglesias y escuelas.

Sentía que mi vida era una larga pesadilla. Cada día traía el panorama de alguna nueva tortura que yo estaba desesperada por evitar, llevándome a otro conflicto más con mis cariñosos y animadores, pero cada vez más frustrados, padres.

Recuerdo la ocasión en que visitamos una nueva biblioteca. ¡Al principio era el paraíso! Me encantaban los libros más que ninguna otra cosa... leer era mi escape. Cuando entramos, yo me había fijado en un aviso colocado cerca de la puerta principal que anunciaba que los socios podían sacar hasta treinta libros de una vez. Así que pasé una hora en la sección de jóvenes adultos, seleccionando cincuenta o sesenta novelas que me parecían interesantes. Me llevó otros cuarenta y cinco minutos clasificar dolorosamente la montaña de libros, rebajándola hasta lo que yo esperaba fueran lo mejor de lo mejor —los treinta mejores—. Deliberaba entre los dos últimos cuando mi mamá apareció y anunció que era hora de irnos. Parecía un poco irritada, intentando reunir a mis otros hermanos, y me pidió que me adelantara y registrara los libros por mí misma. Lo único es que esa era nuestra primera visita y yo no tenía tarjeta de la biblioteca. Tendría que pedir una, lo cual significaba que tendría que hablar en voz alta con la bibliotecaria. En ese momento, francamente, pensé que mejor prefería morir.

No podía creer que mi madre me estuviera pidiendo tamaña tarea. Ella sabía cómo me sentía. Intentando no montar una escena, solo moví la cabeza y pronuncié la palabra «no» con firmeza y repetidamente. Con más que una muestra de indignación en su voz, mi madre, agarrando a mi hermana de cinco años del brazo, insistió: «Christin, es sencillo. Ve al mostrador y di: "Por favor, ¿podría darme una tarjeta nueva?"».

Moví mi cabeza de nuevo, esta vez frenéticamente. «No... no puedo... no. Ve tú. ¡Por favor, por favor, por favor!». A estas alturas, yo ya estaba implorando.

Cuando ella rehusó hacerlo, perdí. «¡Muy bien! —dije—. ¡Los devolveré a su sitio!». Lo decía en serio. Prefería colocar de nuevo cada uno de los libros en la estantería antes que tener que hablar con la bibliotecaria. Por alguna razón mi madre cedió ese día. Ella fue y consiguió mi tarjeta de la biblioteca.

Pero otro día la historia resultó diferente.

Cuando estaba en noveno grado comenzamos a asistir a una nueva iglesia, y mis padres pensaron que sería bueno para mí que me involucrara en el grupo de jóvenes de secundaria. Querían que, por lo menos, asistiera a la escuela dominical. Por supuesto que yo no quería ir, pero mis padres insistieron. Encima, ese grupo de jóvenes era tan grande que tenía que reunirse en otro lugar, a varias cuadras del edificio principal de la iglesia. Eso lo volvía mucho peor. Me hallaría por completo sola en ese campus, sola, sin nadie a quien conociera. Ese primer domingo discutimos todo el camino hasta llegar al lugar. Entonces, para mi horror, mis padres se detuvieron delante del edificio, me ordenaron salir del automóvil y se fueron. Me quedé allí, de pie en la acera, sollozando. Temblando con tanta fuerza que no conseguía respirar. No podía haber estado más aterrada por tener que entrar en un salón lleno de personas a las que no conocía e intentar entablar una conversación con ellas.

Se necesita valentía para crecer y convertirte en la persona que realmente eres.

e. e. cummings

Por supuesto que no podía quedarme parada allí todo el día. En cualquier momento alguien más llegaría y me vería llorando. Lo único que podía hacer era secarme las lágrimas, respirar hondo y entrar. Sin embargo, ese año, en parte por algunas de las experiencias que viví en aquel grupo de jóvenes, las cosas empezaron a cambiar.

Por ser una adolescente, comencé a cuestionarme todo aquello en lo que había creído siempre, retando todo lo que me habían enseñado. ¿Mi fe era realmente mía, o solo seguía una amada tradición familiar?

¿Creía de verdad en Jesús por mí misma? ¿Lo conocía? ¿Lo amaba? ¿Confiaba en Él? Y si lo hacía, ¿no debería querer conocerlo más? ¿Amarlo más? ¿Confiar más en Él?

Decidí que sí. Debía hacerlo. Lo haría.

Fue entonces cuando realmente empecé a buscar una relación con Jesús, a buscar a Dios por mí misma. Ahorré mi dinero, que ganaba por trabajar de niñera, para comprar una Biblia para jóvenes en lugar de mi Biblia para niños que tenía desde los cinco años. Me levantaba una hora antes cada día para prepararme una taza de café y leer mi Biblia y orar. Me dediqué a memorizar versículos que eran importantes para mí. Me encantaron en especial los Salmos. Descubrí que muchos de ellos hablaban sobre encontrar valor en tiempos de temor. Escuchaba música de alabanza y adoración mientras me preparaba para hacerle frente al día.

Y luego, durante el día, como el salmista, clamaba a Dios cada vez que tenía miedo.

Al principio no estaba segura de lo que ocurriría. No sabía qué esperar, si es que había algo que esperar. Pero, para mi asombro y admiración, descubrí que, cuando yo clamaba, Él me respondía. Él me consolaba. Él me fortalecía. Vez tras vez aprendí que podía confiar en Él; que incluso si Él permitiera que sucedieran cosas difíciles o dolorosas, Él estaría conmigo, y que pasar por esas pruebas con Él era mucho mejor que enfrentarlas por mi cuenta. También llegué a la conclusión de que no solo tenía temores, tenía un espíritu de temor. Necesitaba ser liberada. Empecé a pedir a Dios que me librara y Él lo hizo. La diferencia fue como la noche y el día.

El perfecto amor echa fuera el temor (1 Jn. 4:18).

A la larga, eso fue lo que me pasó. Me enamoré de Jesús. Él ya vivía en mi corazón todo ese tiempo. Pero, cuando era niña, ni siquiera podía empezar a imaginar lo que esta relación significaría para mí ya siendo adulta. Ahora sí lo sabía, o estaba comenzando a comprenderlo. Algunas personas afirmarían que esto ocurrió cuando volví a dedicar mi vida a Cristo y que como adulta me comprometí a entregarle mi vida a Él.

La forma de superar la timidez es envolverte de tal manera en algo, que te olvides de tener miedo.

Lady Bird Johnson

En aquella época, mi abuela me dio dos libros que habían sido una gran ayuda para ella cuando entregó su corazón a Jesús: un devocional diario titulado *Manantiales en el desierto* y *Pies de ciervas en los lugares altos* de Hannah Hurnard. Me devoré los dos.

Si has leído *Pies de ciervas en los lugares altos,* recordarás que cuenta la historia de una joven llamada «Mucho

Miedo» que vive en el Valle de la Humillación donde Temor la atormenta continuamente. Mucho Miedo anhela escapar al Reino del Amor, pero está muy lejos, allá, en la cumbre de las montañas altas. Y Mucho Miedo es parapléjica. Un día, el Príncipe de los pastores, que vive en el Reino del Mismo Amor —y por cierto, es el Hijo del Rey—, invita a Mucho Miedo a un viaje que la llevará hasta allí. Le promete hacer sus pies como pies de ciervas para que pueda saltar por las alturas de las montañas, y dice que Él le enviará a dos compañeros para ayudarla a lo largo del camino. Mucho Miedo se queda atónita cuando descubre los nombres de quienes la acompañarán: Tristeza y Sufrimiento. Pero pronto descubre cuán útiles pueden ser, tan necesarios para alcanzar su sueño de llegar al Reino del Amor y recibir sus pies de cierva y su nuevo nombre.

Al instante conecté con el personaje de Mucho Miedo, como mi abuela sabía que lo haría. Me identifiqué con sus luchas, sus pruebas y tentaciones. Entonces, no tenía ni idea de lo mucho que mi viaje reflejaría el de ella. Cuán cerca llegaría a conocer a sus compañeros, Tristeza y Sufrimiento, o que un día, como Mucho Miedo, aprendería a llamarlos queridos amigos.

Poco a poco, día a día, Dios iba haciendo una obra nueva en mi corazón y en mi vida, transformándome de adentro hacia fuera. Cuanto más lo conocía, más lo amaba. Cuanto más lo amaba, más quería hablar de su amor con las personas que me rodeaban. Pero, para hacerlo, tenía que estar dispuesta a abrir mi boca y a hablar con ellas.

A las personas que me conocen ahora les cuesta trabajo

creer que alguna vez haya sido Mucho Miedo. Soy, después de todo, como afirma mi referencia biográfica oficial, «educadora consumada, autora y conferencista, y presentadora internacional de radio en emisoras locales». Viajo por todo el país hablando a miles de mujeres cada año. Cada día de mi vida llevo a cabo decenas de quehaceres que solían ser impensables para mí. Tareas que me hubieran aterrado. Ocupaciones que nunca me hubiera imaginado a mí misma con la suficiente valentía o atrevimiento para involucrarme en ellas.

Y todo es por Él.

> Busqué al Señor, y él me respondió;
> me libró de todos mis temores (Sal. 34:4).

Ha sido un viaje sorprendente, lleno de altibajos, torceduras y reveses, paradas y arranques, retos y aventuras a lo largo de todo el camino. En ocasiones me he hallado bajo ataques feroces, cuando el enemigo de mi alma ha atisbado un área susceptible y se ha dejado venir con fuerza contra mí. De adulta, ha habido épocas en las que he tenido que pelear de nuevo contra el temor. He experimentado ataques de pánico y terrores nocturnos, y cosas similares. Pero han sido pocas veces y muy espaciadas entre sí.

Con toda sinceridad puedo asegurar que actualmente el temor ya no es un asunto dominante, un grave problema en mi vida. Tengo que enfrentarlo de vez en cuando, como todo el mundo. Pero he tenido más oportunidades de hacerlo que la mayoría de las personas. Imagino que eso es algo bueno. Y he aprendido innumerables cosas a lo largo del camino. Todavía sigo aprendiendo cada día.

Corre riesgos, comete errores. Así es como vas a crecer. El dolor nutre tu valentía. Tienes que fallar para aprender a ser valiente.

Mary Tyler Moore

Al mirar atrás, reflexionando en mi propio viaje espiritual, veo tres lecciones particularmente importantes que he aprendido y me gustaría comunicarte ahora mismo. Espero que estas tres enseñanzas sean de ayuda para ti.

1. Dios usó mi temor para acercarme a Él. Algunas de las más dulces, más profundas y más ricas experiencias que he tenido en mi relación con Él, las veces en que más poderosamente he sentido su presencia, cuando he oído su voz con más claridad, resultaron directamente del sufrimiento que soporté. La desesperación que sentía; la determinación de aguantar y de aferrarme a Él sirvieron solo para descubrir que era Él quien me había agarrado a mí.

2. Es posible ser libre del temor. Libre de su dominio. Liberada de su dominación y control. Yo misma lo he experimentado. He sido liberada. Sí, a veces todavía *siento* temor, a veces todavía *lucho* contra el temor, a veces todavía soy *tentada* a temer, pero no *vivo* en temor. Ya no más. Es difícil expresar con palabras la diferencia que esto supone.

3. Cuando ahora siento miedo, lo veo como una alerta, un indicador o una advertencia. Me ayuda a saber que algo no anda bien. Quizá me halle en algún tipo de peligro y necesito estar en guardia, o tenga algunos asuntos del corazón en los que deba trabajar. Una vez más me lleva a los pies de Jesús.

Déjame compartir un ejemplo:

Sin ir más lejos, el año pasado me encontré emocional y espiritualmente en un lugar realmente oscuro. Me sentía como si hubiera estado allí durante un largo tiempo. Me di cuenta de que tenía miedo a no lograr salir de allí nunca. Más que sentir miedo, estaba aterrada. ¿Y si me quedaba atascada ahí para siempre? ¿Y si nunca pudiera ser libre? ¿Cómo conseguiría seguir viviendo así?

Esa era una clase completamente diferente de temor.

«*Pero* Dios...», como a una de mis queridas amigas le gusta decir.

Pero Dios, en su gran amor y tierna misericordia, susurró algunas de las mismas dulces palabras que desde el principio habló a mi corazón muchos años atrás. Me llevó a Habacuc 3:19, el versículo que inspiró *Pies de ciervas en los lugares altos*:

> El Señor omnipotente es mi fuerza;
> da a mis pies la ligereza de una gacela
> y me hace caminar por las alturas.

Es mi oración que Él te fortalezca y aliente tu corazón —como lo ha hecho con el mío— a medida que damos juntas los próximos pasos de nuestro viaje.

Estudio bíblico

Al final de cada capítulo encontrarás preguntas como estas que te ayudarán a reflexionar en los principios bíblicos que hemos discutido y aplicarlos a tu propia vida. Si quieres, puedes anotar tus respuestas en una libreta o cuaderno aparte.

1. ¿Como describirías tu propia infancia? ¿Eras miedosa? ¿A qué tipo de cosas tenías miedo?

2. ¿Cuán determinante piensas que es ahora mismo el temor en tu vida? ¿Con qué frecuencia luchas contra algún temor?

   - ☐ De vez en cuando
   - ☐ Bastante a menudo
   - ☐ Constantemente
   - ☐ Me paraliza

   ¿Parece que va mejorando o empeorando con el tiempo?

3. ¿Puedes pensar en alguna ocasión en que tus temores resultaron ser infundados, cuando tenías miedo, te preocupaste o angustiaste por algo que nunca llegó a ocurrir o resultó que carecía de importancia?

4. ¿Recuerdas alguna vez en que tus temores se cumplieron? ¿Fue tan malo como pensabas que sería? ¿No tanto? ¿Peor aún?

5. Lee el Salmo 34. Si quieres, puedes subrayar palabras y frases clave en tu Biblia o anotarlas en tu diario.

a) Según Salmo 34:1-3, ¿qué ha decidido hacer el salmista?

b) De acuerdo con los versículos 34:4-7, 15, 17-19, ¿de qué testifica el salmista, qué ha presenciado, qué ha experimentado, qué sabe con certeza?

c) ¿Puedes recordar algún momento en el pasado cuando Dios te ayudó a enfrentar tus temores o a vencerlos?

d) ¿Qué parte del testimonio del salmista habla más a tu corazón hoy? ¿Cómo te alienta?

6. Elige uno de los siguientes versículos, memorízalo y medita en él durante la semana:

Salmo 23	Salmo 34:4
Salmo 46:1	Salmo 40:1-3
Salmo 28:7	Salmo 71:14-18

7. Anota en tu diario cualquier otro pensamiento o reflexión.

Capítulo dos

Las caras del temor

Tener temor es una cosa. Dejar que el temor se apodere de ti y te zarandee es otra.

Katherine Paterson

Existen todo tipo de palabras para describirlo: Alarma, agitación, agonía, ansiedad, angustia. Preocupación, consternación, desaliento, aflicción, duda. Presentimiento, susto, horror. Miseria, recelo, nerviosismo. Opresión, pánico, fobia. Estrés, tensión. Terror, tortura, temblor, trepidación, problema. Desasosiego. Preocupación. Congoja.

El temor tiene muchos nombres diferentes, caras diferentes. Llega en diferentes formas y tamaños, y se disfraza. Le gusta fingir ser una cosa cuando, en realidad, en el fondo, es otra.

Algunos temores parecen perfectamente comprensibles, aceptados socialmente, incluso se ponen de moda. (En otra época, tal vez los hubiéramos llamado «femeninos», aunque más bien los hombres habrían dicho eso). Otros nos llenan de vergüenza y del temor añadido a que nuestro miedo secreto de alguna manera será descubierto.

Algunos temores parecen relativamente leves, pequeños estorbos o hipos que aparecen de vez en cuando. Otros son obstáculos enormes: temores obsesivos, incluso compulsivos y consumidores que nos dominan y amenazan con destruir todo lo que apreciamos.

La mayoría de nuestros temores y preocupaciones se ubican en algún punto intermedio. Hay temores que van y vienen. Algunos se establecen durante una temporada. Otros parecen durar toda la vida.

En realidad no existe ninguna escala objetiva para medir el temor y determinar cuán grande es, cuán grave o significativo es, cuán real o racional es (o no es), o, incluso, cuán relevante.

Como la belleza, está en el ojo del observador. O quizá sea el poder que ejerce sobre el cautivo.

Tomemos el miedo a volar, por ejemplo. Millones de personas tienen miedo a volar (o, más exactamente, miedo a morir en un accidente aéreo). Está entre los diez primeros de cualquier lista de «grandes temores».

Pero otros millones de personas no le dan ninguna importancia. Estas son las personas que rápidamente te argumentan que es más probable morir en un accidente automovilístico a medio kilómetro de tu casa que en uno aéreo; aunque nadie haya pedido esta información. Como si pudiera o debiera hacerte sentir menos miedo, cuando en realidad lo único que consigue es hacerte sentir avergonzada o abochornada y ponerte bastante a la defensiva. Te gustaría poder sacar algunas estadísticas para señalarles la irracionalidad de *sus* temores (cualesquiera que sean), porque sabes que los tienen. Todos los tenemos.

Pero si nunca necesitas subirte a un avión, ¿qué tan importante es tu miedo a volar, en realidad?

Está bien, pero ¿y si tu trabajo requiere que vueles regularmente? ¿Cuán importante es entonces?

¿Y si tu salud o la salud de alguien querido requiere que vueles a algún sitio por motivo del tratamiento?

¿Y si siempre has querido ir a un viaje misionero o participar en un proyecto de servicio en el extranjero?

¿Y si tienes sueños de viajar por el mundo, experimentando diferentes culturas y gastronomías?

¿Y si tus hijos o nietos viven lejos?

¿Y si Dios ha puesto en tu corazón ir a algún sitio o hacer algo, cualquier cosa, y no lo haces porque no quieres subirte a un avión? ¿Qué tan importante es entonces tu temor a subir a un avión?

Podríamos hacer estas mismas preguntas sobre cualquier temor. Lo que estoy tratando de decir es que todo es relativo. Lo que puede ser muy importante para una persona podría no serlo para otra. Lo que puede ser un pequeño inconveniente para una persona podría llevar al pecado y a la desobediencia a otra. Ninguna de nosotras puede o debería creer saber (aunque admitámoslo, a veces lo hacemos) cuáles son los mayores temores de otra mujer, o cómo debería enfrentarlos. Es un asunto muy personal, y no solo me refiero a privado, sino individual, único para ella y para su viaje espiritual, su relación con Jesús.

Alguien podría ver evidencia de temor en nuestra vida y apresurarse a decir: «¡Necesitas abordar eso de inmediato! Tienes que [hacer esto, o aquello, o lo otro...]». Pero Dios podría ver que el temor es un síntoma de alguna otra condición. Él podría ver un temor aun mayor, uno con raíces profundas, con un efecto más importante, que Él quiere que tratemos primero, porque sabe que cuando nos deshagamos de ese, los demás irán detrás.

Aquellas de nosotras que queremos ser libres del temor tenemos que acercarnos a Él por nosotras mismas. Tenemos que abrir nuestros corazones delante de Él y pedirle que nos revele lo que Él ve. Sí, Él puede usar buenos consejeros, amigas o amigos cercanos o miembros de nuestra familia que nos pueden ayudar. Pero cada una de nosotras es responsable de buscar a Dios por sí misma, de sopesar cuidadosamente todos los consejos que recibimos a la luz de su verdad. Solo Él sabe cuándo y qué temores quiere que enfrentemos, qué pasos quiere que demos y a qué velocidad. Solo Él sabe qué batallas quiere que libremos y qué armas deberíamos usar.

Por este motivo, me estoy resistiendo al impulso de convertir este libro en una enciclopedia de temores, un manual con remedios infalibles y consejos útiles en orden alfabético. Porque quizá no te resulte útil.

En cambio, en este capítulo echaremos un vistazo a algunos temores comunes —clases de temores— que enfrentan la mayoría de las mujeres. Y en capítulos posteriores abordaremos algunas estrategias específicas para enfrentar y vencer el temor. Pero voy a intentar con todas mis fuerzas ceñirme a los principios que cualquier mujer puede aplicar, a su manera, en cualquier situación, ante cualquier preocupación o temor que pueda enfrentar.

Y voy a animarte una y otra vez a llevar todas estas cosas a Jesús. Háblale de ellas. Escúchalo. Y haz «lo que Él… ordene» (Jn. 2:5).

Si puedes mantener la calma cuando todos alrededor la están perdiendo, es posible que no hayas comprendido la situación.

Jean Kerr

Sin duda, existen algunos temores que al parecer, como mujeres, todas compartimos. Y la mayoría de ellos se relacionan entre sí, como el temor al fracaso y el temor al éxito. Muchas de nosotras tenemos miedo a fracasar —miedo a estropearlo todo, a errar el blanco, a cometer un error—. Algunas de nosotras tenemos miedo a que si obtenemos éxito de alguna manera, solo estaremos elevando las expectativas. Tendremos que enfrentar nuevos retos, nuevos obstáculos. ¿Y si no logramos vencerlos? ¿Y si fallamos? Quizá también nos haya sucedido que le temamos al éxito porque trae un mayor foco de atención, y un mayor brillo.

Para muchas mujeres, el temor a la humillación es incluso mayor que el temor al fracaso o al éxito. La Biblia llama a esto el «temor al hombre». Es esa desesperada necesidad de la aprobación de los demás, de su afirmación, apreciación o admiración. Es el deseo de evitar la crítica, el ridículo o el rechazo, de evitar la vergüenza o la humillación en público a toda costa. Ninguna de nosotras quiere que la ridiculicen, la juzguen erróneamente o no la entiendan correctamente. Quiere caer bien y no que hablen de ella (está bien, que chismeen) a sus espaldas.

Eso se debe a que, en lo más hondo de nuestro ser, muchas

de nosotras nos sentimos profundamente inseguras. Le tememos terriblemente a la incompetencia o a la ineptitud. Este es un temor grande para la mayoría de las mujeres hoy día. Es el temor a no ser «lo suficientemente ____________». Suficientemente alta o baja, o delgada o voluptuosa. Suficientemente hermosa o sexy. Suficientemente inteligente o generosa o importante. Suficientemente educada. Suficientemente artista o creativa. Suficientemente organizada o coordinada. Tenemos miedo a no ser lo suficientemente diligente o fuerte o paciente. O no lo suficientemente amorosa o espiritual ni lo suficientemente buena. Sea lo que sea, seamos lo que seamos, no alcanza para que seamos suficientes. Existen todo un sinfín de motivos por los que nos sentimos de esta manera, incluido el hecho de que existe una industria multibillonaria que se ha construido con el esfuerzo de convencernos de nuestra insuficiencia, todos y cada uno de los días, para que compremos este producto o aquel servicio, o para recibir algún tratamiento. Es en verdad diabólico. Pero tenemos mucho miedo a que si no somos lo suficiente y si no podemos encontrar una manera de ser lo suficiente, perderemos lo que aún nos queda.

Y eso nos lleva al principal de todos los temores, el temor que genera tantas subcategorías o clases de temor: el temor a la pérdida. Como...

Pérdida de seguridad: Nos preocupamos por nuestra economía, nuestros empleos, nuestras casas. Tememos por nuestra seguridad y bienestar, y por la seguridad y el bienestar de aquellos a quienes amamos.

Pérdida del control: Tenemos miedo a perder la habilidad de estar por encima de todas nuestras responsabilidades y de mantener todo en orden, funcionando con normalidad. Tenemos miedo a perder el control de nuestras emociones. De nuestra cordura. Tenemos miedo a perder el control sobre decenas de cosas sobre las que, en realidad, no tenemos el control de todos modos.

Pérdida de un ser querido: Tememos perder a nuestro padre, madre o hermano, un hijo o a nuestro esposo. Y no solo perderlos debido a la muerte. Tememos perder a nuestro padre, o madre, o abuelo por demencia senil, por ejemplo, o a un hijo por un comportamiento temerario o por rebeldía, o a un esposo por un divorcio. Muchas de nosotras también tememos perder a seres queridos antes de que hayan respondido al evangelio, así que tememos a que mueran espiritualmente además de temer a que mueran físicamente.

Pérdida de relaciones / pérdida de comunidad: Tenemos miedo a que nos abandonen, descuiden, rechacen, a quedarnos sin amigos y solas. No queremos perder la aceptación de otros, nuestra percepción de estar conectadas, el sentimiento de pertenencia, de que nos valoren, necesiten o amen.

Pérdida de la salud y de la vida misma: Tenemos miedo a envejecer, a los estragos del tiempo. Tememos al dolor físico y al sufrimiento, a la enfermedad, y a la incapacidad, y a la muerte. También tememos que mueran nuestras esperanzas y sueños, que se pierdan todas las cosas que ahora sabemos que nunca experimentaremos o alcanzaremos.

¡Y estos son solo unos pocos! Realmente es una maravilla que podamos levantarnos de la cama por la mañana. Si no tuviéramos que ir al baño, algunas de nosotras no lo haríamos.

Los años más duros de la vida son
aquellos entre los diez y los setenta.

Helen Hayes, a la edad de 82 años

Lo creamos o no, el temor tiene su lado positivo. Porque no todo temor es malo. Existe una clase de temor saludable y un tiempo y lugar apropiados para él. La sensación de palpitación en el corazón sirve para alertarnos cuando nos hallamos en peligro. Se supone que nos alerta cuando estamos a punto de participar en un comportamiento que podría conducirnos al peligro. El tipo correcto de temor en el momento oportuno puede mantenernos con vida. Pero el tipo equivocado de temor, insano y desequilibrado, puede privarnos de vivir la vida que Dios preparó para nosotros.

Por eso, más de cuatrocientas veces en la Biblia Dios nos dice: «¡No temas!», e incluye todas las variantes del tema: «No estés afanosa». «No te preocupes». «No estés afligida». «No tengas miedo». «Sé atrevida». «Sé valiente». «Ten ánimo». «Mantente firme».

En Romanos 8:15, Pablo nos recuerda que cuando por primera vez confiamos en Cristo, entramos a formar parte de la familia de Dios. Dios nos dio su Espíritu para que viva dentro de nosotras. Este no es un espíritu que «nos esclavice de nuevo al miedo». Éramos esclavas del pecado, esclavas del temor. Pero ya no. Dios nos ha hecho sus hijas, y el Espíritu que vive en nosotras clama a Él en fe y confianza: «¡Abba, Padre!».

En 2 Timoteo 1:7, Pablo de nuevo nos advierte que «Dios

no nos ha dado un espíritu de temor y timidez sino de poder, amor y autodisciplina» (NTV).

Existe una clase de temor —y solo una— que Dios quiere que tengamos. Una clase de temor en la que quiere que vivamos. Es la mejor clase, la más saludable: la Biblia lo llama el temor del Señor.

¿Recuerdas todas aquellas palabras que mencioné al principio del capítulo? Me reservé algunas. Si buscas la palabra «temor» en el diccionario, además encontrarás:

Asombro. Maravilla. Reverencia. Adoración.

> Y ahora, Israel, ¿qué te pide el SEÑOR tu Dios? Simplemente que le temas y andes en todos sus caminos, que lo ames y le sirvas con todo tu corazón y con toda tu alma (Dt. 10:12).

Proverbios 9:10 lo explica:

> El comienzo de la sabiduría es el temor del SEÑOR;
> conocer al Santo es tener discernimiento.

Cuando elegimos temer a Dios, cuando lo reverenciamos y respetamos, cuando confiamos en Él y lo obedecemos, cuando lo amamos y servimos, elegimos vivir en su voluntad y bajo su protección. No necesitamos temer nada ni a nadie.

> Los que viven al amparo del Altísimo
> encontrarán descanso a la sombra del Todopoderoso.
> Declaro lo siguiente acerca del Señor:

Sólo él es mi refugio, mi lugar seguro;
 él es mi Dios y en él confío.
Te rescatará de toda trampa
 y te protegerá de enfermedades mortales.
Con sus plumas te cubrirá
 y con sus alas te dará refugio.
 Sus fieles promesas son tu armadura y tu
 protección.
No tengas miedo de los terrores de la noche
 ni de la flecha que se lanza en el día.
No temas a la enfermedad que acecha en la oscuridad,
 ni a la catástrofe que estalla al mediodía.
Aunque caigan mil a tu lado,
 aunque mueran diez mil a tu alrededor,
 esos males no te tocarán…
Si haces al Señor tu refugio
 y al Altísimo tu resguardo,
ningún mal te conquistará;
 ninguna plaga se acercará a tu hogar.
Pues él ordenará a sus ángeles
 que te protejan por donde vayas…
El Señor dice: «Rescataré a los que me aman;
 protegeré a los que confían en mi nombre.
Cuando me llamen, yo les responderé;
 estaré con ellos en medio de las dificultades.
 Los rescataré y los honraré.
Los recompensaré con una larga vida
 y les daré mi salvación»
(Sal. 91:1-7, 9-11, 14-16, NTV).

> *En la noche más oscura aférrate a la seguridad de que Dios te ama, que Él siempre tiene un consejo para ti, una senda que puedes recorrer y una solución a tu problema, y experimentarás aquello que crees. Dios nunca defrauda a nadie que confía en Él.*
>
> Basilea Schlink

Proverbios 31:30 nos dice:

> Engañoso es el encanto y pasajera la belleza;
> la mujer que teme al SEÑOR es digna de alabanza.

La Biblia nos da algunos ejemplos poderosos de lo que significa ser una «mujer que teme al Señor» en la vida real. Y qué diferencia marca. Estoy pensando en una mujer en particular. Una mujer cuyo temor de Dios la hizo increíblemente valiente y llena de fe.

Si la hubiéramos conocido entonces, no estoy segura de que tú y yo hubiéramos visto en ella lo que Dios vio. Bueno, estoy bastante segura de que *no*. Probablemente hubiéramos intentado no verla en absoluto. Hubiéramos cruzado al otro lado de la calle, evitando el contacto visual, sin dirigirle la palabra ni tampoco hablar acerca de ella, y eso, siendo amables.

Porque Rahab era prostituta.

No sabemos cómo llegó a serlo. Pero sabemos que entonces, como ahora, incluso en culturas donde es tolerada o aceptada, la profesión «más antigua del mundo» no está muy bien vista. Las mujeres que la practican no se clasifican entre las honradas, admiradas y respetadas por la sociedad. Son marginadas, despreciadas y rechazadas.

Rahab vivía en Jericó, una malvada ciudad que Dios había ordenado a su pueblo que destruyera. Los hijos de Israel finalmente tomarían posesión de la tierra prometida. Habían enviado espías para adelantarse y comprobar la situación. Dos de ellos llegaron a Jericó, mezclándose entre la chusma en el lado más sórdido de la ciudad. Terminaron alojándose en casa de Rahab.

De alguna manera, el rey de Jericó supo de estos hombres y envió soldados a arrestarlos. Pero Rahab ya los había escondido en el tejado de su casa, que estaba construida a lo largo de la muralla de la ciudad.

Al principio no estamos seguros del porqué. ¿Por qué esta mujer arriesgaría su vida por esos hombres, esos extraños? ¿Por qué desafiaría al rey? ¿Traicionar a su propio país, a su propio pueblo?

Esto es lo que ella dijo a los espías, después de enviar a los soldados a una misión imposible:

> Yo sé que el Señor les ha dado esta tierra, y por eso estamos aterrorizados; todos los habitantes del país están muertos de miedo ante ustedes. Tenemos noticias de cómo el Señor secó las aguas del Mar Rojo para que ustedes pasaran, después de haber salido de Egipto. También hemos oído cómo destruyeron completamente a los reyes amorreos, Sijón y Og, al este del Jordán. Por eso estamos todos tan amedrentados y descorazonados frente a ustedes. Yo sé que el Señor y Dios es Dios de

> dioses tanto en el cielo como en la tierra (Jos. 2:9-11).

Sus compatriotas oyeron lo que Dios había hecho, y estaban aterrados. Rahab lo oyó, y ella estaba maravillada y admirada. Reverencia y adoración. Cuando los espías llegaron a su puerta, ella sabía que era su oportunidad de pronunciarse del lado del Señor, y de buscar su favor y su protección.

> Por lo tanto, les pido ahora mismo que juren en el nombre del Señor que serán bondadosos con mi familia, como yo lo he sido con ustedes. Quiero que me den como garantía una señal de que perdonarán la vida de mis padres, de mis hermanos y de todos los que viven con ellos. ¡Juren que nos salvarán de la muerte! (Jos. 2:12-13).

Aunque ella era el «enemigo», una extranjera, una mujer, una prostituta (y cada una de esas cosas hubieran podido considerarse un enorme golpe contra ella), no tuvo miedo de hablar. No tuvo miedo de pedir, hizo que conocieran su petición. Tenía mucha fe en la justicia de Dios, en su bondad, en su misericordia y su gracia. Una fe que raras veces el propio pueblo de Dios mostró.

Ella temía a Dios, y, dado que temía a Dios, no temía a nada más. Ni a su propio rey, ni a sus compatriotas, ni a arriesgar su propia vida, ni a la posibilidad del rechazo o a hacer el ridículo frente a los israelitas, ni a las dificultades de sobrevivir y comenzar de nuevo tratando de encontrar una nueva vida.

No tenía temor alguno. Solamente fe.

Por supuesto que los espías de inmediato accedieron a la petición de Rahab. Y esa noche, ella ató una cuerda escarlata en su ventana para descolgarles por la muralla de la ciudad. Los hombres le pidieron que dejase allí la cuerda colgando para marcar el lugar donde ella y su familia se refugiarían. Y ella lo hizo. Esa cuerda escarlata era un símbolo, un testigo, un testimonio de su temor de Dios y de su fe en Dios.

Una semana más tarde, cuando las murallas de Jericó cayeron, Rahab y toda su familia fueron rescatados. Rahab no tenía ni idea de que su historia apenas había comenzado. Cuando todo empezaba, ella tan solo esperaba no morir. Pero Dios había estado poniendo un plan en marcha no solo para guiar a su pueblo hacia la victoria sobre Jericó, sino para rescatar a Rahab, en el más amplio sentido de la palabra: redimirla y restaurarla.

De la misma manera en que Jesús, siglos después, se desviaría de su camino para encontrarse con la mujer junto al pozo, Dios se desvió de su camino para llegar a la ciudad de Jericó y rescatar a Rahab, porque ella tenía temor de Él. Ella le pertenecía a Él. Era suya.

Ella no lo sabía aún, pero era cierto: Rahab pertenecía a Dios y a su pueblo. Y ellos no iban a continuar sin ella. Al ocultar a los espías de Dios y colgar esa cuerda escarlata, Rahab debe de haber pensado que quizá estaba haciendo un trato con Dios, pero Dios quería hacer con ella un trato aún mejor:

> Vengan, pongamos las cosas en claro —dice el Señor—. ¿Son sus pecados como escarlata? ¡Quedarán blancos como la nieve! (Is. 1:18).

Dios le dio mucho más de lo que ella esperaba. Le dio una nueva vida: un nuevo país, un nuevo pueblo, una nueva fe, un nuevo amor.

Le dio un esposo y un hijo. Y después, Él la hizo parte del árbol genealógico de su Hijo. Rahab es una de las cinco mujeres mencionadas en la genealogía de Jesús (Mt. 1:5). Ella está incluida entre todos los grandes hombres y mujeres de la Biblia en el «Salón de la fama de la fe» de Hebreos 11 (v. 31). De todas las ilustraciones que podría haber usado, Santiago eligió su historia como un ejemplo de lo que significa ejercer una fe real, activa y viva (Stg. 2:24-26).

Rahab nos enseña que el temor se combate con temor. Conquistamos el temor con temor. Vencemos el temor no saludable, atormentador y paralizador con temor sano, justo y santo. El temor del Señor.

Rahab nos recuerda que no importa de dónde vengamos o dónde hayamos estado, los errores que hayamos cometido o cómo hayamos pecado. No se trata de nuestros éxitos o fracasos, de lo que hayamos ganado o perdido. No es cuestión de que el mundo o la iglesia o nuestras propias familias nos admiren o desprecien. No importa si estamos ni siquiera cerca de «lo suficiente» según las normas de cualquiera, incluidas las nuestras.

Lo que importa es la condición de nuestro corazón. ¿Tememos a Dios? ¿Lo amamos? ¿Confiamos en Él?

Si lo hacemos, entonces sabemos:

> Radiantes están los que a él acuden;
> jamás su rostro se cubre de vergüenza (Sal. 34:5).

Estudio bíblico

1. Lee el Salmo 55:6. Reflexiona en silencio por unos momentos, pidiéndole a Dios que haga brillar la luz de su verdad mientras examinas tu corazón delante de Él. Elabora ahora mismo una lista de tus cinco o diez mayores preocupaciones o ansiedades. Si no vinieran a tu mente preocupaciones, entonces menciona tus cinco o diez principales temores.

2. Intentemos profundizar un poco más. Ya hablamos de cómo «el temor a volar» es realmente «temor a morir en un aterrador accidente aéreo». Reescribe los elementos de tu lista. Usa palabras que describan con más precisión lo que en verdad te da miedo: lo que te da miedo que ocurra o que no llegue a ocurrir. Sé tan genuina y tan sincera como te sea posible. Quizá necesites intentarlo varias veces, pero merece la pena. Si no sabes cuál es el temor, no podrás enfrentarlo ni pelear contra él.

3. Busca el texto de cada una de las siguientes referencias bíblicas y apunta la sabiduría, instrucción o aliento que ofrecen.

a) 1 Pedro 5:7
b) Salmo 130:5; Miqueas 7:7
c) Proverbios 3:5-6
d) Santiago 1:5
e) Salmo 37:4
f) Salmo 37:5-6
g) Salmo 37:23-24
h) Salmo 37:25; Filipenses 4:19
i) Juan 3:16; Juan 14:2-3; Apocalipsis 21:3-4

¿Qué dicen estos versículos acerca de las preocupaciones o los temores que describiste arriba?

4. Elige uno de los siguientes versículos (o uno de los mencionados previamente en el capítulo), memorízalo y medita en él durante la semana:

Salmo 130:3-4
Salmo 147:11
Salmo 91:1-2
Deuteronomio 31:8
Salmo 91:14-16
2 Tesalonicenses 3:16

5. Anota en tu diario cualquier otro pensamiento o reflexión.

Capítulo tres

Fracasos y luchas

¡Qué poco se puede hacer bajo el espíritu de temor!

Florence Nightingale

Hace un par de años me entrevistaron en un programa de radio. El amigable anfitrión charlaba conmigo sobre un libro que yo acababa de escribir: *Mujer, descubre el impacto y el poder de tus palabras.* Comenzamos a hablar de las diferencias entre hombres y mujeres y de cómo nos comunicamos, y entonces el locutor planteó una pregunta inesperada. Dijo así:

> Christin, creo que probablemente estemos de acuerdo en que existe UNA tentación ante la cual, en apariencia, todos los hombres son débiles, UN pecado con el que parece que todos los hombres luchan, y este es el pecado sexual. Pero tengo la sensación de que no sucede igual con las mujeres, que las mujeres, en conjunto, no tienen UNA debilidad o pecado

> en particular, una gran área contra la que TODAS luchan. ¿Qué piensa?

Ahora bien, ese no era el tema del que trataba mi libro, o ningún otro libro que hubiera escrito antes. No se incluía en la lista de preguntas que mi editorial me había proporcionado con antelación, preguntas para las que había preparado lo que yo esperaba que fueran respuestas previstas, útiles e informativas. Mirando hacia atrás, no creo que el anfitrión estuviera intentando ponerme en evidencia. No creo que él realmente esperara que yo tuviera una respuesta. Solo quería entablar conversación. Pensaba en voz alta ante el micrófono. En vivo, por radio.

Pero cuando abrí mi boca para hablar (pues tenía que decir algo), un pensamiento vino a mi cabeza. Dios me recordó una observación que yo había hecho una y otra vez. Así que afirmé:

> En realidad creo que sí. Creo que casi todas las mujeres son susceptibles a una particular tentación, un pecado en especial. Creo que nuestro gran problema es el control. La tentación a recurrir a la manipulación en un esfuerzo por obtener el control.

¡No te enojes conmigo todavía! Continué explicando que, como mujeres, una de nuestras mayores necesidades es la seguridad. Queremos sentirnos seguras. Queremos *estar* seguras. Queremos que las personas a las que amamos estén a salvo, felices y sanas. Queremos que el mundo sea un lugar seguro y feliz. Pero no lo es. Y no lo ha sido desde el jardín del Edén.

Allí fue cuando las cosas empezaron a ir terriblemente mal.

Parecía una pregunta inocente. La serpiente preguntó a Eva: «¿Así que en serio Dios les ha dicho que no deben comer de ningún árbol del jardín?». Pero la serpiente era astuta, más que cualquiera de las criaturas que Dios había creado. Con astucia llevó a la primera mujer incauta a participar en una conversación que la conduciría a resultados mortales.

Eva le explicó el mandamiento de Dios y la consecuencia de comer del árbol del conocimiento del bien y del mal. Pero la serpiente la contradijo. «¡No es cierto, no van a morir!», siseó. «Dios sabe muy bien que, cuando coman de ese árbol, se les abrirán los ojos y llegarán a ser como Dios, conocedores del bien y del mal» (Gn. 3:4-5).

En realidad, ¿qué está diciendo aquí la serpiente? Que Dios está equivocado, que Él no es veraz, que no se puede confiar en Él. Está diciendo que Dios deliberadamente retendría algo bueno para sus hijos por despecho. En otras palabras: «Dios sabe que esto es realmente bueno y Él no quiere que lo tengas». La acusación es que Dios es injusto, desleal y cruel.

Eva escuchó a la serpiente, y le creyó. Desobedeció a Dios. Y ese pecado dio entrada a todo el mal, a toda la iniquidad, todas las cosas viles y despreciables que nos llenan de temor y horror hoy día.

A lo largo de los años, la estrategia de Satanás no ha cambiado mucho. En la actualidad susurra las mismas cosas a nuestros corazones. Aprovecha todas y cada una de las oportunidades para difamar el carácter de Dios y minar y debilitar nuestra fe en Él. En Juan 8:44, Jesús afirmó que el diablo «desde el principio ha sido un asesino, y no se mantiene en la verdad, porque no hay verdad en él. Cuando miente, expresa su propia naturaleza, porque es un mentiroso. ¡Es el padre de la mentira!».

Cuando prestamos oído a esas mentiras, dejamos que el temor gobierne nuestros corazones en lugar de la fe.

Tenemos miedo a que las cosas no salgan como nosotras queremos, así que tratamos de asumir el mando. Intentamos intervenir. Tomamos los asuntos en nuestras propias manos, en lugar de confiárselos a Dios.

Tramamos, planeamos y maquinamos. Nos quejamos, nos enojamos y lloramos. Mentimos. Fastidiamos, protestamos. Presionamos, incitamos, promovemos, hacemos campaña. Adulamos, flirteamos. Ordenamos, insistimos, demandamos. Aplicamos el castigo del silencio. Detenemos el amor y el cariño o la aprobación. La lista sigue y sigue. Estamos aferradas y decididas a hacerlo a nuestra manera.

Francamente, a veces nuestra motivación es la avaricia, el egoísmo o la ambición, incluso si nos decimos a nosotras mismas que lo estamos haciendo por el bien de otros. Pero para muchas mujeres, si no la mayoría, cuando escarbas lo suficiente, lo que encuentras en la raíz de todo ello es algún tipo de temor. Uno de esos temores de los que acabamos de hablar en el último capítulo.

El temor aparece cuando imaginamos
que todo depende de nosotras.

Elisabeth Elliot

Y la manipulación es exactamente una de las inútiles estrategias a las que recurrimos algunas veces en nuestros intentos fallidos y erráticos de luchar contra el temor. Mientras miramos a algunas de las otras estrategias, quizá notes que el asunto del control es un tema recurrente.

Perfeccionismo: Muchas de nosotras buscamos la solución, de varias maneras, en el perfeccionismo. Si conseguimos ser perfectas, todo el mundo nos amará, nos apreciará y nos aprobará. Nadie nos criticará, nos juzgará, nos ridiculizará o nos rechazará. Nunca nos sentiremos avergonzadas, nunca cometeremos errores, nunca fracasaremos, nunca heriremos o defraudaremos a nadie. Nunca le fallaremos a nadie. A nadie, incluidas nosotras mismas. Incluido Dios. Si conseguimos ser perfectas, no tendremos que tener temor a todas esas emociones horribles que sentimos que pueden permanecer ocultas en lo más profundo: celos, envidia, inseguridad, amargura, falta de perdón. Si conseguimos ser perfectas, entonces seremos suficientes. Suficientes para agradar a otros, suficientes para agradarnos a nosotras mismas. Suficientes para agradar a Dios; para mostrar nuestra sinceridad y devoción, para probar nuestra valía; para ganar nuestra salvación. Algunas de nosotras se dan cuenta con bastante rapidez de que tal perfección no es posible; no podemos ser perfectas, a pesar de lo mucho que lo intentemos. Pero en lugar de aceptar esa realidad de encontrar libertad en ella y de disfrutar de la gracia y la misericordia de Dios, simplemente optamos por una estrategia distinta, como la siguiente.

Evitar los riesgos: A veces esta estrategia puede ser difícil de identificar, porque se asemeja mucho a la sabiduría. Parece como si estuviéramos siendo cautas, consideradas, prudentes. Tenemos lo que creemos que son explicaciones muy razonables, muy lógicas, quizá hasta muy espirituales, que suenan a argumentos para apoyar nuestras decisiones. Otra persona que toma la misma decisión podría estar haciéndolo por los motivos correctos. Pero nuestro motivo es el temor. Evitamos a personas, relaciones, lugares, situaciones y circunstancias, oportunidades y experiencias, porque tenemos miedo. Miedo al conflicto, miedo a equivocarnos, miedo al peligro, miedo al dolor, miedo a la pérdida. De modo que hacemos nuestro mejor esfuerzo para evitarlo, y nos aseguramos de que nuestros seres queridos lo hagan también.

Agradar a la gente: Sencillamente queremos que todo el mundo sea feliz. Más que eso, queremos agradarles, gustarles mucho en verdad. Así que haremos todo lo que ellos quieran que hagamos, seremos quienes ellos quieran que seamos. Nuestra palabra favorita es «sí», porque hemos aprendido que a otras personas no les gusta que se les responda que no. Tenemos temor a su enojo, su juicio, su crítica. Tememos a que nos aíslen las personas que nos dan nuestro sentido de identidad, comunidad y familia, nuestro sentido de pertenencia. Incluso, aunque no nos gusten las amigas que tenemos, las preferimos a quedarnos sin amigas y solas. Así que continuamos diciendo «sí». Pero cuando decimos «sí» a todos los demás, no podemos decir «sí» a Dios. No podemos decir «sí» a la persona que Dios quiere que seamos ni a lo que Él quiere que hagamos. No tenemos el tiempo ni la energía. Jesús advirtió: «¡Ay de ustedes cuando todos los elogien!» (Lc. 6:26). Si estás dejando contentos a todos los demás —si le gustas a todo el mundo—

probablemente no estés viviendo para agradar a Dios. Porque las mujeres que viven para agradar a Dios algunas veces dicen «no». Defienden asuntos (como la justicia y la verdad) y se levantan contra situaciones (como la inmoralidad, la impiedad y el pecado). Y eso no agrada a otras personas.

Pasividad: Esta estrategia tiene dos aspectos. Uno es el personal y privado. El enfoque de la vida que dice: «Tengo miedo a hacer cualquier cosa, así que no haré nada. Solo seré un observador desde fuera, un espectador, mirando desde los márgenes de mi propia vida». El otro aspecto es el relacional. Si el agradar a la gente es intentar activamente tener contentos a los demás, la pasividad es negarse a emprender la acción a fin de tener contentos a los demás. Evitar el conflicto otorgando concesiones. Ceder a las demandas de otros. Es el camino de menor resistencia. Dejar que los acosadores se salgan con la suya. Lo tomaremos todo estando tendidas; o escondidas en una esquina enrolladas en posición fetal, esperando que, al final, simplemente se irán. Jesús nos dijo que no albergáramos odio en nuestros corazones hacia otros, no buscáramos venganza ni tomáramos represalias. Él no nos pidió ser víctimas perpetuas, ni acobardarnos de miedo. Cuando los acosadores le perseguían a Él, o a las personas bajo su protección, Él los encaraba. Él retaba a esos acosadores, los confrontaba, los dejaba al descubierto. Algunas veces Él anticipaba sus ataques y tomaba acciones evasivas; otras veces, inteligentemente les aventajaba. A veces Él hacía lo que tenía que hacer, decía lo que necesitaba decir y luego se marchaba. Deja que teman *ellos.*

Agresión: Esta es una estrategia (y un comportamiento) contraria a la pasividad y, en general, no la relacionamos con el temor, o con las mujeres, para ser franca. Pero se está volviendo más y más común. Gritamos, chillamos, amenazamos, despotricamos. Sabemos que cuanto más fuerte y más enojadas lo hagamos, tanto más mantendremos alejadas a las personas. Y eso es lo que queremos. Porque si se acercan, verán cuán débiles, impotentes y fuera de control nos sentimos, cuán completamente frustradas y ciertamente asustadas estamos en verdad.

Temo más a lo que está dentro de mí
que a lo que viene de fuera.
Martín Lutero

Negación: Si no podemos verlo, entonces no existe. Si no lo reconocemos, entonces no es real. Si fingimos que nunca ocurrió... Si rehusamos escuchar... Cuando elegimos la negación, estamos intentando protegernos de una verdad (o de muchas verdades) a la que tememos. Y tememos a las consecuencias de reconocer la verdad, a la responsabilidad de tener que actuar en consecuencia, que a menudo es una perspectiva aterradora en y por sí misma. Pero la energía que demanda mantener el engaño es agotadora. Y a menudo el trasfondo de temor y pavor es mucho peor de lo que sería la verdad, si tan solo la enfrentáramos. Antes o después, tendremos que hacerlo de todos modos. Incluso, si la verdad fuera tan horrible como la temíamos, retrasar enfrentarla no conseguiría que se fuera. Por el contrario, puede permitir que se convierta en algo mucho, mucho peor.

Autosabotaje: Algunas de nosotras —ocasionalmente— presionamos un botón cuando creemos que las cosas van demasiado bien, cuando tenemos miedo a que nos estén preparando una trampa para una gran desilusión, una gran decepción. Cuando tenemos miedo a que algo vaya a salir mal, porque siempre algo sale mal, y decidimos que no podemos vivir con el suspenso, solo esperando que ocurra... O cuando nos sentimos indignas, no merecedoras... Entonces, apretamos ese botón. Empezamos a tomar malas decisiones, a comportarnos de manera no saludable, destructiva, nos autosaboteamos. Pensamos: «Si sigo adelante y lo arruino todo ahora —si lo pierdo todo ahora—, no tendré que tener miedo a perderlo después».

Usamos otros mecanismos de defensa. Hacemos cosas para adormecernos a nosotras mismas, para distraernos, para ahogar los ruidos de nuestros temores. Hacemos cosas para construir muros para protegernos a nosotras mismas y mantener a los otros a cierta distancia. Hacemos cosas para reemplazar las relaciones reales que nos aterran más y requieren un trabajo mucho más arduo. Hacemos cosas como desórdenes alimenticios, acumulación, compras y gastos compulsivos, adicción a la Internet, al alcohol y a las drogas, a la pornografía y a prácticas sexuales.

A veces me descubro a mí misma obsesionada por organizar, preparar y planear, y se vuelve un problema cuando lo dirige el temor. Es un problema cuando la idea subliminal es que, de alguna manera, está en mi poder anticipar y prevenir cada problema, protegerme a mí misma de cada crisis o desastre.

Puedo ser también un poquito obsesiva en cuanto a adquirir información. Todavía recuerdo los anuncios que, cuando yo era una niña, se oían durante los especiales después de la escuela. Anunciaban: «¡El conocimiento es poder!», con lo que probablemente se referían a permanecer en la escuela, no a quedarse despierta hasta las primeras horas de la madrugada investigando cada causa, cada síntoma, cada tratamiento, cada posible enfoque para abordar... cualquier cosa que me concerniera a mí o a alguien que me importara.

Confía el pasado a la misericordia de Dios, el presente al amor de Dios y el futuro a la providencia de Dios.

San Agustín

Durante mucho tiempo, me forzaba a mí misma a enfrentar mis temores por el temor a vivir en temor.

(No hay problema si tienes que volver a leer la frase. No tiene sentido. Pero a mí misma me costó un tiempo darme cuenta de ello).

Yo solía obligarme a mí misma a hacer muchas cosas que no quería hacer —cosas que estaba bastante segura de que no me gustarían, que seguramente odiaba— porque tenía miedo a que decir «no» significara que estaba cediendo al temor. Temía a que decir «no» significara perderme otra nueva aventura u otra nueva experiencia. ¡Ya me había perdido bastantes! Tenía también miedo a que, al decir «no», defraudaría a todas las nuevas amistades que estaba cultivando.

Pensaba que enfrentaba mis temores al forzarme a mí

misma a vivir nuevas situaciones, nuevas experiencias, que eran incómodas o nada atractivas para mí. Pero solo estaba cediendo ante temores diferentes y dejando que ellos me controlaran.

En la actualidad sigo aceptando nuevos retos y aventuras, ¡pero solo si quiero hacerlos! O si siento claramente que Dios me guía a asumirlos. El resto del tiempo, me siento libre de decir: «¡No, gracias! Adelante con ello. Seguro que será estupendo. ¡Diviértanse sin mí!». Y lo digo de verdad. Dios me ha librado de tener que seguir yendo a campamentos. Nunca volveré.

Pero puedes ver cuán fácil es confundirse y, a la vez, desorientarse y preocuparse demasiado. Sencillamente, no existe manera de que, en nuestra propia sabiduría, en nuestra propia fuerza ni con nuestro propio esfuerzo, logremos nunca librarnos del temor. Nuestras propias estrategias nos fallan regularmente. Nos fallan una y otra vez. Y nuestros mecanismos de defensa solo crean problemas —problemas mucho peores—, más de los que teníamos al principio.

Nuestros temores se vuelven más fuertes. Nuestras preocupaciones llegan a ser mayores. Nuestras ansiedades se acumulan más y más. No somos capaces de hacer nada. Debemos hacer algo. ¿Pero qué?

¿Qué es lo correcto? ¿Cuál es la estrategia acertada? ¿Cuál es la manera apropiada de enfrentar y vencer nuestro temor?

Yo creo que el primer paso, ese primer algo correcto, se puede encontrar en el relato de Juan 5:1-13. Es lo que uno hace justo después de admitir que tiene un problema.

La Biblia nos cuenta que, una vez mientras Jesús visitaba

la ciudad de Jerusalén, se detuvo en el estanque de Betesda. Se supone que este estanque poseía poderes sanadores. La gente creía que de vez en cuando un ángel bajaba y revolvía las aguas, y la primera persona que se metía en el estanque después de eso, era sanada.

Todas las personas que necesitaban sanidad iban a ese estanque, pero en especial los ciegos, los lisiados y los paralíticos. Aquellos que en verdad no podían hacer nada más SINO sentarse y esperar. Y esperar y orar. Parece que, ese día, había un hombre en el estanque que estaba paralítico desde hacía treinta y ocho años.

Cuando el brillante teólogo y erudito Matthew Henry escribió su famoso *Comentario de la Biblia*, en 1704, señaló que, para cualquiera, treinta y ocho años era un período muy largo para vivir con semejante dolor y miseria, con tal agonía. De hecho, señaló Henry, el hombre había sufrido durante más tiempo que la mayoría de la gente que vivió en el siglo XVIII, o en cualquier siglo anterior, incluido el del pobre hombre tendido al lado del estanque.[1] Sí, había sido una vida de sufrimiento.

Las Escrituras relatan que cuando Jesús vio al hombre y supo el tiempo que llevaba así, le preguntó algo sorprendente:

> «¿Quieres quedar sano?» (Jn. 5:6).

Un momento. ¿Qué clase de pregunta era esa? ¿No era obvio? ¿Quién no querría estar sano?

En realidad, serían muchos. Parece que muchas personas en este mundo preferirían quedarse como están. Ya se familiarizaron con sus temores. Están a gusto con su dolor. Se han acostumbrado a sus limitaciones. A pesar de cuán desgraciadas sean, tienen miedo al cambio.

Puede ser difícil para un huevo convertirse en un ave: sería mucho más difícil para él aprender a volar sin dejar de ser un huevo. En el presente, somos como los huevos. Y no se puede seguir siendo indefinidamente solo un ordinario y simpático huevo. Debemos nacer o pudrirnos.

C. S. Lewis

El hombre paralítico comenzó de inmediato a explicar por qué, todas esas veces, no había sido capaz de meterse en el estanque con la suficiente rapidez. Realmente él quería que lo sanaran. Estaba seguro de que su sanidad vendría de aquellas aguas, y estaba muy enfocado en ellas; y muy frustrado porque todos sus intentos habían resultado inútiles, sus esfuerzos estorbados. Él no se daba cuenta de que hablaba con el Gran Médico.

> «Yo soy el Señor, que les devuelve la salud» (Éx. 15:26).

Después de escuchar la historia completa, todas las frustraciones y quejas de este hombre, Jesús sencillamente le ordenó: «Levántate, recoge tu camilla y anda» (Jn. 5:8).

Así tal cual.

No más carreras al estanque. Ni más arrastrarse, ni rasguñarse, ni gatear, ni abalanzarse. Ni más atropellos ni competiciones por una posición, ni empujar a alguien o ser empujado fuera del camino. No más intrigas o confabulaciones, ni maquinaciones ni manipulaciones. No más arrastrarse, ni suplicar.

Lo único que hizo fue responder una pregunta. Requirió un poco de investigación del alma, pero lo hizo.

Y, entonces, Jesús lo sacó de allí.

Así que imagina que tú y yo estamos hoy sentadas junto al estanque de Betesda. Estamos cansadas y frustradas, cargadas y trabajadas de nuestras batallas con la preocupación y el temor. Nada de lo que hemos intentado ha ayudado. Ninguna de nuestras estrategias, ninguno de nuestros esfuerzos ha resultado. Estamos fracasando por todos lados. Tenemos mucho dolor.

De repente, Jesús está de pie frente a nosotras, con una mirada compasiva y tierna en su cara, y nos pregunta:

«¿Quieres quedar sana?».

¿Qué le responderás?

Estudio bíblico

1. Lee Juan 8:32. Toma unos minutos para meditar y orar. ¿Cuáles son algunas de las estrategias que has usado en el pasado para combatir el temor, o que has reconocido que estás usando en este momento?

- ☐ Manipulación o control
- ☐ Agresividad
- ☐ Negación
- ☐ Agradar a la gente
- ☐ Mecanismos de defensa
- ☐ ____________________
- ☐ Evitar los riesgos
- ☐ Perfeccionismo
- ☐ Autosabotaje
- ☐ Pasividad
- ☐ Otros ______________
- ☐ ____________________

2. ¿Cómo han funcionado —o no han funcionado— estas estrategias para ti? (Intenta pensar en algunos ejemplos específicos). ¿Cuál ha sido el precio, o cuáles han sido las consecuencias?

3. ¿Qué promete Jesús en Juan 8:36? ¿Qué ánimo (y advertencia) encontramos en Gálatas 5:1?

4. Hablaremos con más profundidad sobre estrategias bíblicas para enfrentar el temor en el capítulo 6. Sin embargo, ya hemos mencionado bastantes principios y verdades a los que podemos aferrarnos... y es probable que no todos sean nuevos para ti. ¿Cuáles son algunas cosas que has aprendido y que puedes hacer para caminar en la libertad que Dios te ha dado?

5. Lee 2 Corintios 12:7-10. A veces Dios nos permite batallar con un «aguijón en la carne», un área en particular de debilidad o fragilidad. Según Pablo, ¿cuál es el propósito de ese aguijón? ¿De qué manera nos resulta útil? ¿Qué podemos aprender de él? ¿Cómo podemos crecer a través de él? ¿Cuál debería ser nuestra actitud?

6. Elige uno de los siguientes versículos (o uno de los mencionados previamente en el capítulo), memorízalo y medita en él durante la semana:

Juan 8:32
Jeremías 17:14
Efesios 5:8-10
Salmo 118:5
Salmo 119:32
Isaías 40:30-31

7. Anota en tu diario cualquier otro pensamiento o reflexión.

Capítulo cuatro

Demasiado caro

La preocupación no elimina el dolor del mañana;
elimina la fuerza del hoy.

Corrie Ten Boom

Años atrás me crucé con unas estadísticas fascinantes. Alguien hizo una investigación seria, utilizando muchas encuestas, y, cuando analizó los resultados, determinó que de todas las cosas a las que tememos, de todas las cosas sobre las que pasamos horas y horas preocupándonos:

El 40 por ciento de ellas nunca ocurrirán.
El 30 por ciento han ocurrido ya, situaciones en el pasado que no puedes cambiar o deshacer.
El 12 por ciento son relativas a la salud; irónico, ya que la preocupación agrava la mayoría de los problemas de salud.
El 10 por ciento son insignificantes, casuales, diversas.

Esto deja solo el 8 por ciento que son problemas «legítimos», en los cuales nos enfocaríamos mucho más y guardaríamos más energía y fuerza para enfrentarlos ¡si no desperdiciáramos tanto en todos los otros![1]

Como muchas otras mujeres, habitualmente siento que las horas del día no son suficientes. ¡Hay tantas cosas que tengo que hacer! Y además, labores que realmente quiero hacer, para mí misma y para los demás. Quehaceres que realmente creo que son importantes, solo que parece que no puedo encontrar el tiempo. Por eso me irrito cuando me encuentro atascada en reuniones sin objetivo, tráfico sin fin, largas filas o incluso películas decepcionantes. Si me vieras después, me verías alzar la vista al cielo en desesperación para decir: «Bien, ¡esas son dos horas de mi vida que nunca volverán!». O citaría una de mis frases favoritas de la película *Bichos,* de Pixar, cuando una mosca ebria decide irse justo en medio de una actuación del circo realmente mala: «Solo tengo 24 horas para vivir, ¡y no las voy a desperdiciar aquí!».

La cuestión es que sé que la vida es corta. El tiempo es precioso. No quiero perder ni un minuto de él. Pero ¿cuánto de mi tiempo he perdido? ¿Cuánto de mi vida he derrochado viviendo en temor, preocupándome por cosas que nunca ocurrirán o que ya han ocurrido; cosas sobre las que no tengo el control o que no importan en realidad? ¿Cuánto tiempo he desperdiciado por estar ansiosa, tensa y estresada?

Decenas de estudios realizados más recientemente calculan que los estadounidenses, canadienses y británicos pasamos una media de dos a tres horas al día preocupándonos *solo por nuestros trabajos o nuestra economía.* Eso suma hasta quince a veinte horas a la semana, o aproximadamente unos cinco años de nuestra vida.

Eso es mucho tiempo. Tiempo precioso. Tiempo que jamás podremos recuperar.

Y el tiempo no es lo único que el temor y la preocupación alcanzan a arrebatarnos. Pregúntales a los hijos de Israel.

El Antiguo Testamento nos dice que Dios milagrosamente liberó a su pueblo después de que pasaron cientos de años bajo esclavitud en la tierra de Egipto. Dios los guió y cruzaron el mar Rojo (otro milagro), a través del desierto hacia una tierra que Él había prometido darles, la misma tierra que Él había dicho a Abraham que algún día sus descendientes harían suya.

Ya vivían allí habitantes bastante violentos y tendrían que desalojarlos por la fuerza. Pero esto era parte del plan de Dios. Él había pronunciado juicio contra ese pueblo hacía mucho tiempo por la maldad que habían cometido. Él les había permitido ocupar la tierra hasta que Él estaba preparado para llevar a su pueblo a conquistarla. Ese momento había llegado.

Dios fue muy claro sobre cuál era su voluntad en esta situación. Él fue muy claro en su indicación e instrucción. Fue claro sobre el papel que Él jugaría en las inevitables batallas y en el resultado: «El Señor su Dios marcha al frente y peleará por ustedes, como vieron que lo hizo en Egipto…» (Dt. 1:30).

Quizá recuerdes la historia de la escuela dominical: Moisés envió a doce espías, uno de cada tribu, para explorar la situación con antelación.

> Suban por el Néguev, hasta llegar a la montaña. Exploren el país, y fíjense cómo son sus habitantes, si son fuertes o débiles, muchos o

> pocos. Averigüen si la tierra en que viven es buena o mala, y si sus ciudades son abiertas o amuralladas. Examinen el terreno, y vean si es fértil o estéril, y si tiene árboles o no. ¡Adelante! Traigan algunos frutos del país (Nm. 13:17-20).

Los hombres hicieron exactamente lo que Moisés les pidió. Regresaron y relataron a toda la comunidad israelita que sin duda la tierra era buena. Todos estuvieron de acuerdo en que era rica y fértil, «donde abundan la leche y la miel». Habían llevado algunos de sus abundantes frutos para que todos los vieran.

Sin embargo, los espías relataron que el pueblo que ya vivía en la tierra era grande y poderoso no solo en número, sino también en tamaño físico. Ellos los describieron como los descendientes de una conocida raza de gigantes. Estos «gigantes» tenían muchas ciudades fortificadas y fortalezas.

Aun así, el espía llamado Caleb animó: «Subamos a conquistar esa tierra. Estoy seguro de que podremos hacerlo» (Nm. 13:30). ¿Qué diferencia marcaba cuán numerosos fueran, o cuán grandes eran, o cuál era su fortaleza? Dios dijo que Él se encargaría de ellos. ¡Vamos!

> Pero los que habían ido con él respondieron:
> —No podremos combatir contra esa gente. ¡Son más fuertes que nosotros!
>
> Y comenzaron a esparcir entre los israelitas falsos rumores acerca de la tierra que habían explorado. Decían:

> —La tierra que hemos explorado se traga a sus habitantes, y los hombres que allí vimos son enormes... Comparados con ellos, parecíamos langostas, y así nos veían ellos a nosotros (Nm. 13:31-33).

El principio de la ansiedad es el fin de la fe, y el principio de la verdadera fe es el fin de la ansiedad.

George Mueller

A lo largo del día ese mal reporte circuló entre el pueblo. Iban y venían hablando sobre ello durante horas sin fin. Intentaron recordar cada historia horrible sobre gigantes que habían oído alguna vez. Dejaron muchas imágenes desagradables en sus mentes. Su imaginación volaba libre, inventando toda clase de escenas terribles contra ellos y sus seres queridos. Al anochecer, se habían alterado de tal manera que lloraban de miedo. Se pusieron a clamar:

> ¡Cómo quisiéramos haber muerto en Egipto! ¡Más nos valdría morir en este desierto! ¿Para qué nos ha traído el SEÑOR a esta tierra? ¿Para morir atravesados por la espada, y que nuestras esposas y nuestros niños se conviertan en botín de guerra? ¿No sería mejor que volviéramos a Egipto? (Nm. 14:2-3).

Porque... ¿la esclavitud era maravillosa? ¿Ser torturados y

golpeados y trabajar (literalmente) hasta la muerte era mejor que confiar en Dios?

El pueblo dejó que la preocupación y el miedo fijaran cualquier otro pensamiento en sus mentes. No podían recordar quién era Dios en realidad (todo lo que habían aprendido sobre su naturaleza y su carácter) o cualquiera de las obras portentosas que Él había hecho por ellos. No podían recordar cuán terribles habían sido sus vidas antes de que Él los rescatara.

Moisés estaba consternado. Los dos hombres piadosos que había enviado, los dos espías «buenos», rogaron al pueblo una vez más:

> —La tierra que recorrimos y exploramos es increíblemente buena. Si el Señor se agrada de nosotros, nos hará entrar en ella. ¡Nos va a dar una tierra donde abundan la leche y la miel! Así que no se rebelen contra el Señor ni tengan miedo de la gente que habita en esa tierra. ¡Ya son pan comido! No tienen quién los proteja, porque el Señor está de parte nuestra. Así que, ¡no les tengan miedo! (Nm. 14:7-9).

Pero, en lugar de ello, el pueblo decidió escuchar a su temor. Y, puesto que escucharon a su temor, prefirieron rebelarse contra Dios. Ellos optaron por desobedecerlo. Su temor, su rebeldía y su desobediencia les costó más de lo que podrían haber imaginado.

Dios podría haberlos destruido a todos ellos, borrarlos del mapa y comenzar de nuevo. (Él pensó en esta opción). En cambio, les mostró misericordia. Los perdonó. Pero no sin consecuencias. Consecuencias brutalmente dolorosas.

Aquellas personas perdieron todas las hermosas bendiciones que Dios había preparado para ellas, porque no confiaron en Él, porque no fueron cuando Él ordenó: «¡Vayan!». No tendrían casa, ni país propio. No entrarían nunca en la tierra prometida. Jamás. De ningún modo.

No, serían forzados a vagar por el desierto durante cuarenta años —un año por cada día que los espías habían explorado Canaán— hasta que todos los miembros de su generación hubieran muerto (excepto Josué y Caleb). Entonces, y solo entonces, heredarían sus hijos la tierra prometida.

Cuando el pueblo se dio cuenta de lo que habían perdido —cuando supieron lo que su preocupación y su temor les había costado— se sintieron desfallecer. Y entonces dieron un abrupto giro de ciento ochenta grados. Cambiaron de opinión y decidieron que no estaban tan asustados, que después de todo sí obedecerían a Dios. Pero ya era demasiado tarde. Intentaron entrar en la tierra prometida por su cuenta y fueron derrotados escandalosamente en la batalla. No había nada que pudieran hacer ya, sino regresar al árido desierto, y allí vagar durante cuarenta largos y miserables años.

Es cierto, Dios permaneció con ellos incluso entonces. A pesar de todo, en su amor, en su misericordia y gracia, Él los guió en cada paso del camino. Él los protegió. Él les proveyó.

¡Pero qué gran precio tuvieron que pagar!

Solo parece como si estuvieses haciendo algo cuando te preocupas.
Lucy Maud Montgomery

Quizá deberíamos echar un vistazo más de cerca a lo que nuestra preocupación y temor nos podrían costar hoy.

Físicamente: El temor, la preocupación y el estrés son emociones que han demostrado tener un efecto devastador en nuestra salud. Pueden causar que nos enfermemos físicamente o que se agraven otros problemas de salud como hipertensión arterial, palpitaciones del corazón, ataques al corazón, enfermedades cardíacas, náuseas, mareos, sudoración, sequedad bucal, dolores de cabeza, dolores o tensiones musculares, fatiga, insomnio, problemas de la piel, desórdenes digestivos, disminución del crecimiento óseo, infertilidad, desequilibrios hormonales, asma, artritis, diabetes. Además, la preocupación es famosa (¿o debería decir tristemente famosa?) por comprometer nuestro sistema inmunitario, volviéndonos más susceptibles a otras enfermedades y males. Obviamente, existen algunos problemas de salud y retos físicos sobre los que no tenemos control. Pero resulta claro que existen algunos síntomas —algunas complicaciones— que no debemos acumular. Algunas podemos evitar, reducir o eliminar al elegir no preocuparnos, sino confiar en Dios y en su Palabra.

Mental y emocionalmente: Solo considerándolo desde

un punto de vista médico, vivir en un constante estado de ansiedad, preocupación o temor puede causar toda clase de irritabilidad y frustración, cambios de estado de ánimo y disminución de la función mental. Si esta última captó tu atención, bastaría. La preocupación puede llevar a pérdidas cuantiosas: pérdida de memoria, pérdida de perspectiva, pérdida de racionalidad, pérdida de la capacidad de concentración, pérdida de la habilidad de pensar con claridad, priorizar y tomar decisiones sabias, y pérdida de la habilidad de diferenciar entre hechos y sentimientos. En el Antiguo Testamento, la confusión era un arma que Dios usaba a menudo para destruir a los malvados. Eso no es lo que Él desea para sus amados hijos (1 Co. 14:33).

Espiritualmente: La preocupación y el temor nos roban la dulzura que hemos de experimentar en nuestra relación con Dios: la esperanza, la paz, la fuerza y el consuelo que Él da. Perdemos la perspectiva de quién es Él y lo que ha hecho por nosotros. Perdemos el gozo de nuestra salvación. No experimentamos la vida abundante a la que Él nos ha llamado. Nos volvemos desgraciadas e infelices. Nos sentimos culpables y avergonzadas. Como los hijos de Israel descubrieron, el temor y la preocupación a menudo llevan a la rebeldía y a la desobediencia. Estas nos conducen a más culpa y vergüenza.

En la práctica: Cada día tomamos miles de decisiones. Decisiones prácticas. Qué vamos a comer y beber, con qué nos vamos a vestir. Adónde vamos a ir. Qué haremos. Qué diremos. Cómo responderemos a retos específicos, distracciones, tentaciones, responsabilidades y oportunidades.

Cómo no responderemos. Podemos tomar todas esas decisiones desde una posición de fe y confianza, una posición de valentía y seguridad, guiadas por el Espíritu de Dios, caminando en su luz. O podemos tomarlas desde el temor y la preocupación o la duda, tambaleándonos en la oscuridad, yendo de mal en peor.

En las relaciones: El temor nos roba las bendiciones y los beneficios de la comunidad. Nos impide experimentar el efecto del «hierro que se afila con el hierro» (Pr. 27:17), de alentarnos unas a otras y de animarnos unas a otras (1 Ts. 5:11, Ef. 4:29). Daña o incluso destruye lo que de otra manera podrían ser relaciones, con la familia y amigos, sanas, fuertes, felices y guiadas por Dios. Por ejemplo, podemos tener demasiado miedo a abrir nuestros corazones a otros, manteniéndolos a cierta distancia. O tanto miedo a perderlos que nos comportamos de maneras muy poco saludables. Si decidimos mantenernos temerosas y ansiosas todo el tiempo, perderemos amigos que de otra manera podrían ser una bendición para nosotras, pero que necesitan mantenerse distantes ¡por su propio bien! También podemos ser responsables de arrastrar a otros con nosotras a nuestra posición malsana e infeliz. En lugar de fortalecernos unos a otros, terminamos envenenándonos, como hicieron los hijos de Israel. Esparcieron la duda y el temor en lugar de la valentía, la esperanza y la fe.

Esta no es una lista exhaustiva, sino solo un breve vistazo a algunos de los costos más básicos y obvios. Si cada una de nosotras pudiera ver su propia lista detallada, si solo supiéramos todo lo que nuestro temor y preocupación nos ha costado, día a día, año tras año, nos tomaríamos más seriamente las amonestaciones bíblicas: NO te preocupes. NO temas.

Dios tenía buenas razones —*tiene* buenas razones— para repetir aquellas palabras cientos de veces en las Escrituras. Él nos ama. Él quiere lo mejor para nosotras. Y lo mejor para nosotras no es dejar que la preocupación nos consuma. No es vivir en temor.

Amada, yo te digo, deja que tu temor se vaya, para que no te haga desfallecer. Deja de inspirar temor en aquellos que te rodean y que ahora se afirman en la fe. Dios ha sido bueno y Él continuará mostrando su bondad... Afrontemos estos días esperando ver cómo se manifiestan las bondades del Señor. Seamos fuertes y de buen ánimo, porque el Señor peleará por nosotras si nos levantamos en fe.

Francis Frangipane

Quizá hayas notado que, hasta este punto, he puesto cuidado al decir que el temor y la preocupación *pueden llevar* a pecar. Pueden *causar* que pequemos. Pero *¿son* pecados en sí mismos? ¿Es pecado el temor? ¿Es pecado la preocupación?

Algunas personas afirman que si Dios pide: «No lo hagas» y lo haces, entonces es pecado; tan sencillo como eso. Pero yo creo que esa definición podría ser demasiado simple. Pasa por alto o ignora algunas distinciones bastante importantes, como la diferencia entre la preocupación y el temor; y la diferencia en las Escrituras entre un mandamiento (una orden), una exhortación (una palabra destinada a increpar fuertemente, advertir o aconsejar), y una palabra cuya intención es ofrecer consuelo o afirmación.*

En lo personal, creo que la preocupación es pecado, porque es una elección. Optamos por ofuscarnos en nuestras dudas y temores, o en pensamientos ansiosos (Ro. 14:23). Elegimos enredarnos en lo que la Biblia describe como «imaginación vana» o «inútiles razonamientos» o especulación sin sentido (Ro. 1:21; 2 Co. 10:5).

La palabra inglesa *worry* («preocupación») viene de la antigua palabra inglesa *wyrgan*, que significa «estrangular». Más tarde se convirtió en *worien*, que indica usar los dientes para agarrar a otro animal por la garganta y matarlo sacudiéndolo hasta la muerte. (Imagina a un perro salvaje o a un lobo agarrando a una oveja o a algún otro pequeño animal; ellos se «preocupan» hasta que muere). Cuando nos preocupamos, eso es lo que hacemos. Deliberadamente ignoramos las amonestaciones de Dios de llevar cautivo todo pensamiento (2 Co. 10:5), de NO estar ansiosas sino confiar en Él, y de pensar en lo que es verdadero y justo, amable y puro (Fil. 4:6-8). En cambio, nos anclamos en un pensamiento negativo o a un puñado de pensamientos nocivos. Los agarramos con nuestros dientes y rehusamos soltarlos. Los retorcemos. Los removemos y les damos la vuelta. Desde la distancia parece que los estamos

* No creo que deberíamos olvidar que también intervienen condiciones médicas (como la hipoglucemia) y medicinas que sabemos que provocan síntomas de ansiedad, que no tienen nada que ver con nuestro verdadero estado mental, emocional o espiritual. ¡Lo último que queremos hacer es producir culpa y condenación en alguien cuyo «pecado» es sufrir de bajonazos de concentración de glucosa libre en la sangre!

estrangulando. Pero la realidad es que ellos nos estrangulan a nosotras.

El temor, sin embargo, es un poco más complicado. Porque, como hablábamos anteriormente, existe algo llamado temor sano, temor reverente. El temor puede ser una respuesta biológica a un peligro presente y real, la respuesta «lucha o huida» que Dios diseñó para ayudarnos a sobrevivir. Y algunas veces, creo que el temor es una aflicción, una especie de tormento o de sufrimiento, o una prueba, un examen de nuestra fe.

Quizá la mejor manera de describirlo sea que *sentir* temor no es más pecado que sentirnos tentadas. Pero *ceder* a él... eso ya es un asunto diferente.

En mi opinión (considerando todo lo que las Escrituras enseñan sobre la materia), ceder al temor es pecado. También lo es permitirlo o poner excusas para ello. Creo que alimentar el temor es pecado, porque lo nutres y lo dejas crecer. Dar un lugar al temor en tu corazón y en tu vida, dejar que te controle, dejar que gobierne sobre ti, esas decisiones son pecado. Rendirse al temor en lugar de resistirlo o batallar en su contra —clamando a Dios por ayuda y libertad—, es pecado.

Algunas veces el temor también es una elección. Algunas veces es pecado. Y cuando lo es, necesitamos arrepentirnos de él.

Aun así, Romanos 8:1 advierte: «No hay condenación para aquellos que pertenecen a Cristo Jesús» (NTV). Solo el constante aliento amoroso de nuestro Padre Celestial puede ayudarnos a escucharlo a Él y a dejar que nos ayude a elegir lo que es mejor.

Me recuerda una historia que leí una vez en *Manantiales en el desierto:*

Algunas veces, las personas se atan a sus cargas más de lo que las cargas están atadas a ellas.

George Bernard Shaw

Un joven contó que su madre siempre había sido una mujer profundamente atormentada. Ella vivía muy ansiosa, preocupada y deprimida. Lo irónico era que alguien que había «confiado en Cristo» parecía que no tenía ninguna confianza, ni fe, ni paz en absoluto. El hijo pasaba horas tratando de razonar con ella. Intentó mostrarle cuán irracionales eran sus miedos y convencerla para que los soltara. Una y otra vez él le explicaba que la Biblia nos exhorta a que no nos preocupemos, que la preocupación solo nos roba el gozo y la paz que podrían ser nuestros. Y todo resultó inútil.

Entonces, un día, vio algo que lo sorprendió. Su madre lo recibió esa mañana con una amplia sonrisa en su rostro. Toda la preocupación y el temor habían desaparecido. Asombrado, le preguntó qué le había ocurrido. Ella comenzó a contarle un sueño que había tenido esa noche:

> ... En su sueño, ella caminaba por una autopista con una gran multitud de personas, y todas ellas parecían muy fatigadas y cansadas. Cargaban pequeños fardos negros, y ella se dio cuenta de que numerosas criaturas de aspecto repulsivo, con apariencia bastante demoníaca en su naturaleza, iban dejando más

> fardos en el camino. Según dejaban caer los fardos, las personas se detenían a recogerlos y los cargaban.
>
> Como todas las demás, en su sueño, ella también cargaba peso innecesario, siendo oprimida bajo los fardos del diablo. Después de un rato, miró hacia arriba y vio a un Hombre, cuyo rostro era amor y que brillaba mientras se movía entre la multitud consolando a las personas. Finalmente, Él se le acercó, y ella supo que era su Salvador. Lo miró, diciéndole cuán cansada estaba, y Él sonrió con tristeza y le indicó: «Mi querida hija, estos fardos que cargas no son míos, y tampoco los necesitas. Son las cargas del diablo, y están desgastando tu vida. Necesitas soltarlas y simplemente rehúsa tocarlas ni siquiera con un solo dedo. Entonces, encontrarás que es fácil tu camino, y sentirás que te llevo como sobre alas de águila» (Éx. 19:4).
>
> El Salvador tocó su mano, y rápidamente la paz y el gozo llenaron su alma. Al verse a sí misma, en su sueño, tirando sus cargas al suelo y lista para arrojarse a los pies de Él en gozoso agradecimiento, de repente se despertó y descubrió que todas sus preocupaciones se habían ido.[2]

Creo que tenemos una elección. Podemos optar por recoger esos fardos, cargar ese peso, ser oprimidas por la preocupación y el temor, y ceder a la desesperación; o podemos escuchar a nuestro Salvador cuando advierte: «Estas cosas no son mías». Podemos dejarlas ir. Podemos elegir abandonar nuestras cargas a sus pies.

Podemos elegir tener fe, creer, y ser libres.

Estudio bíblico

1. ¿Cuánto te ha costado el temor o la preocupación? ¿Puedes ser específica? Piensa en ejemplos de tu propia vida: errores cometidos, oportunidades perdidas, el drama o trauma que has sufrido.

2. ¿Qué te han dado a cambio la preocupación o el temor?

3. Lee Mateo 6:25-34. Quizá quieras subrayar palabras o frases clave en tu Biblia. Después contesta las siguientes preguntas:

   a) ¿De qué clase de cosas nos pide Jesús que NO nos preocupemos?

   b) ¿Por qué no?

c) ¿En qué deberíamos enfocarnos en cambio? (v. 33)

4. Lee Mateo 11:28-30. ¿Cómo se describe Jesús a sí mismo? ¿Qué nos ofrece?

Piensa en esto. En esta ilustración, Jesús no es el granjero que dirige la yunta, Él es el otro buey. Es el buey más viejo, más sabio, más experimentado, emparejado con el buey joven (nosotras). Él es quien conoce el camino, lleva la dirección y marca el paso. Lo único que tenemos que hacer es mantener su marcha, quedar unidas a Él y seguir su guía.

5. ¿Qué «fardos» o cargas te sientes más tentada cargar por ti misma hoy? Anótalas aquí y después entrégale cada una a Jesús. Prométele que las dejarás a su cuidado.

Si te ayuda a recordar, anótalas en tu diario o en una hoja de papel que puedas pegar en tu refrigerador o mesa de trabajo, y dibuja una pequeña forma de fardo alrededor de cada una. También puedes atar un pequeño paño a modo de fardo y ponerlo donde lo veas a menudo, como un recordatorio de no recoger esas cargas. Deja que Él se ocupe de ellas.

6. Elige uno de los siguientes versículos (o uno de los mencionados previamente en el capítulo), memorízalo y medita en él durante la semana:

Josué 1:9	Salmo 27:14
Filipenses 4:6	Lamentaciones 3:22-23
1 Pedro 5:7	Salmo 29:11

7. Anota en tu diario cualquier otro pensamiento o reflexión.

Capítulo cinco

¡No temas!

Valentía es temor que ha hecho sus oraciones.

Dorothy Bernard

La anciana había estado postrada en cama durante dieciocho años con una enfermedad crónica; vivía en continuo dolor. Su esposo y cuidador había enfermado también, y necesitaba una silla de ruedas para moverse por la casa. Día tras día, semana tras semana, año tras año, la pareja lidiaba con sus cada vez mayores limitaciones físicas y con todas las frustraciones y complicaciones relacionadas. Si ellos se hubieran deprimido o desanimado, si se hubieran sentido enojados o amargados, si se hubieran sentido ansiosos y temerosos del futuro, habría sido comprensible. Nadie los habría culpado. Pero esta pareja compartía tan dulce espíritu, tal gozo y paz, que las personas que visitaban su casa no podían hacer más que sentirse retadas, convencidas e inspiradas.

Una de tales visitas, Civilla Martin, se sintió impulsada a preguntar a la pareja sobre su secreto. ¿Cómo lograban permanecer tan contentos, tan en paz, con todas las pruebas que afrontaban? La anciana respondió con una referencia a las Escrituras: Mateo 10:29-31. Simplemente indicó: «Él tiene su mirada puesta en los gorriones».

Profundamente conmovida, Civilla Martin volvió a su casa y escribió estas líneas:

> ¿Cómo podré estar triste? ¿Cómo entre sombras ir? ¿Cómo sentirme solo y en el dolor vivir? Si Cristo es mi consuelo, mi amigo siempre fiel, si aun las aves tienen seguro asilo en Él, si aun las aves tienen seguro asilo en Él.
>
> «Nunca te desalientes», oigo al Señor decir, y en su palabra fiado, hago al dolor huir. A Cristo, paso a paso yo sigo sin cesar, y todas sus bondades me da sin limitar, y todas sus bondades por siempre me ha de dar.
>
> Siempre que soy tentado, o si en la prueba estoy, más cerca de Él camino, y protegido voy; si en mí la fe desmaya y sufro de ansiedad, tan solo Él me levanta, me da seguridad, tan solo Él me levanta me da seguridad.

No tenemos que vivir atadas a la preocupación o al temor, gracias a Jesús, por quién es Él y por lo que significamos para Él.

Cuando de verdad crees en Dios, te da un valor, una seguridad que te capacita para enfrentar las cosas que vengan.

Della Reese

En Juan 14:27, Jesús anunció: «La paz les dejo; mi paz les doy. Yo no se la doy a ustedes como la da el mundo. No se angustien ni se acobarden».

Pero a fin de que estas palabras signifiquen algo para nosotras, tenemos que saber quién es Jesús; me refiero a entender y conocer en verdad quién es Él.

> ¿Quién es este Rey de la gloria?
> El Señor, el fuerte y valiente (Sal. 24:8).

El centurión lo sabía. De entre todas las personas, él lo entendía, más que la mayoría. Incluso mejor de lo que lo hacían algunos de los discípulos de Jesús. Aunque era gentil (no judío) y romano (de la nación que ocupaba y oprimía a Israel), se atrevió a arriesgarse a que su propio pueblo se burlara de él y a la burla de los judíos por acudir a un rabino para buscar ayuda. Él tenía una necesidad desesperada. Su amado siervo estaba enfermo, a punto de morir.

Este centurión era aparentemente un hombre extraordinario, porque los judíos en su propia comunidad habían llegado a respetarlo y estaban dispuestos a acercarse a Jesús en su favor. Jesús caminaba rumbo a la casa del centurión cuando el hombre envió a un mensajero para detenerlo:

> —Señor, no te tomes tanta molestia, pues no merezco que entres bajo mi techo. Por eso ni siquiera me atreví a presentarme ante ti. Pero con una sola palabra que digas, quedará sano mi siervo. Yo mismo obedezco órdenes superiores y, además, tengo soldados bajo mi autoridad. Le digo a uno: «Ve», y va, y al otro: «Ven», y viene... Le digo «Haz esto», y lo hace (Lc. 7:6-8).

Detengamos un momento aquí la historia y comparemos lo que el centurión declaró sobre Jesús con las palabras del padre de un muchacho endemoniado en Marcos 9:22-24.

Este otro hombre le trajo su hijo a Jesús y pidió: «Si puedes hacer algo, ten compasión de nosotros y ayúdanos».

Jesús contestó con las palabras del hombre: «¿Cómo que si puedo?».

¿Me estás preguntando SI puedo hacer algo? ¿Te refieres a que no crees que puedo? Entonces, no es en realidad una pregunta de qué puedo hacer, ¿no es así? Si no sabes quién soy, si no crees quién soy, si no confías en mí, en ese caso, ¿cómo puedo ayudarte?

Entonces Jesús añadió amablemente: «Todo es posible para el que cree».

Dios sabe que todas hemos tenido momentos en los que hemos estado cargadas, exhaustas y al límite de nuestra fuerza, cuando hemos acudido a Él con poca esperanza, con poca fe en que Él podía hacer o haría algo por nosotras. Más de una vez he hecho una oración sin fe, solo para escuchar a Jesús susurrar a mi corazón: «¿Qué tal *si* puedo?». Y con lágrimas de arrepentimiento, he clamado junto con el padre del muchacho: «¡Sí creo! ¡Ayúdame en mi poca fe!».

El centurión, sin embargo, sabía quién era Jesús. Creía en quién era Él. Y no solo creía; reconocía que Dios Padre le había dado la autoridad al Señor. Todo lo que Jesús ordenara sería hecho, tanto si estaba presente como si no. No era lo que Él hacía o decía estando presente físicamente lo que traía sanidad. Era la autoridad que Él ejercía.

Jesús mismo dijo: «Se me ha dado toda autoridad en el cielo y en la tierra» (Mt. 28:18).

El mundo natural se sometía a su autoridad: el viento y las olas lo obedecían. La higuera se secó y murió ante su orden. En la esfera física, Jesús ejercía autoridad sobre la enfermedad y las dolencias. Sanaba a los ciegos, a los lisiados y a los mudos. El mundo espiritual lo reconocía, los demonios temblaban en su presencia y le rogaban que no los atormentara.

Jesús tenía la capacidad de leer los pensamientos de las personas y revelar las intenciones de sus corazones. Él tenía la autoridad de perdonar los pecados. Jesús tenía control sobre su propio destino. Él declaró: «Nadie puede quitarme la vida sino que yo la entrego voluntariamente» (Jn. 10:18, NTV). Él tenía autoridad sobre la muerte y el infierno; ninguno podía mantenerlo en el sepulcro. Él resucitó de los muertos en poder y gloria. Ahora está sentado a la diestra del Padre, el Rey de reyes y el Señor de señores.

Él afirma que si lo invitamos, vendrá y hará su morada en nuestros corazones (Jn. 14:23). Su Espíritu vivirá en nosotras y a través de nosotras. Constantemente nos cuidará, nos protegerá y proveerá para nosotras. Él nos consolará, nos dará fuerzas y nos sostendrá. Él nos bendecirá de formas que nunca podríamos ni siquiera imaginar.

Jesús prometió tres cosas a sus discípulos: que vivirían por completo sin temor, absurdamente felices, y en problemas constantes.

G. K. Chesterton

Romanos 8:28-30 nos dice: «Y sabemos que Dios hace que todas las cosas cooperen para el bien de los que lo aman y son llamados según el propósito que él tiene para ellos. Pues Dios conoció a los suyos de antemano y los eligió para que llegaran a ser como su Hijo, a fin de que su Hijo fuera el hijo mayor de muchos hermanos. Después de haberlos elegido, Dios los llamó para que se acercaran a él; y una vez que los llamó, los puso en la relación correcta con él; y luego de ponerlos en la relación correcta con él, les dio su gloria» (NTV).

Estos versículos han retado y también han consolado a los creyentes durante siglos. ¿Qué significa exactamente que Dios hace que *todo* (o «todas las cosas») coopere para *bien*? Si miramos atrás, hemos experimentado algunas circunstancias bastante infelices, incluso devastadoras o malvadas. Acciones vergonzosas que hemos hecho y acciones vergonzosas que han cometido contra nosotras. Son esas mismas acciones —ese tipo de experiencias— lo que nos lleva a tener miedo a confiarle a Dios el futuro.

¿Pueden las experiencias, que no tienen sentido en lo terrenal, de alguna manera tener propósito y significado? ¿Cómo es posible eso?

La respuesta se encuentra en la soberanía de Dios. Según el diccionario, la palabra «soberanía» significa tener poder o autoridad suprema, ilimitada, control total. Ser soberano es ser preeminente; indiscutible; el mayor en grado; máximo o extremo; por encima de todos los demás en carácter, importancia y excelencia.

Colosenses 1:15-18 declara acerca de Jesús: «Él es la imagen del Dios invisible, el primogénito de toda creación, porque por medio de él fueron creadas todas las cosas en el cielo y en la tierra... Él es anterior a todas las cosas, que por medio de él forman un todo coherente. Él es la cabeza del cuerpo, que es la iglesia. Él es el principio, el primogénito... para ser en todo el primero».

Debido a que Jesús es todas estas cosas, aunque el mal prevalece y vivimos en un mundo caído, Él tiene el poder, la autoridad y la capacidad para hacer que todas las circunstancias cooperen para nuestro bien, exactamente como afirma Romanos 8:28-30. Él puede gobernar por encima del enemigo de nuestras almas. Él puede estar por encima de las intenciones de otros, vencer nuestras limitaciones, y obtener algo hermoso de algo horrible y dañado.

Recuerda que cuando Dios habla de nuestro bien, no se refiere exactamente a nuestra inmediata comodidad o felicidad. Él quiere decir que nos está formando cada vez más semejantes a Jesús, lo cual nos dará al final el gozo mayor ahora y en la eternidad.

El autor, predicador y maestro de la Biblia, John Piper, señala que Dios fue capaz de tomar el pecado más «impresionante» (la mayor maldad, la injusticia más perversa) en la historia del mundo —la crucifixión de Jesús— y de usarlo para triunfar sobre el diablo, redimir a los hijos de Dios y glorificar a su Hijo.[1]

> Ustedes estaban muertos en sus pecados... sin embargo, Dios nos dio vida en unión con Cristo, al perdonarnos todos los pecados y anular la deuda que teníamos pendiente por los requisitos de la ley. Él anuló esa deuda que nos era adversa, clavándola en la cruz. Desarmó a los poderes y a las potestades, y por medio de Cristo los humilló en público al exhibirlos en su desfile triunfal (Col. 2:13-15).

La metáfora aquí sugiere a un general victorioso guiando a sus cautivos —la evidencia física de su victoria total y completa— por las calles para que toda la gente lo vea.

Es un poderoso recordatorio de que Dios y el diablo no son iguales. El diablo es un ser creado y, más que eso, un enemigo derrotado. Su destino eterno ya se ha determinado. Juan en su primera carta nos asegura: «el que está en ustedes es más poderoso que el que está en el mundo» (4.4).

Lo creas o no, este poder inmenso, esta absoluta autoridad, esta soberanía suprema de Dios ¡es solo una de las razones para que sus hijos no teman! Hay otras más...

¡Qué dulce suena el nombre de Jesús al oído del creyente! Calma sus penas, sana sus heridas y aparta su temor.

John Newton

No temas, que yo te he redimido;
te he llamado por tu nombre; tú eres mío.
Cuando cruces las aguas,
yo estaré contigo;
cuando cruces los ríos,
no te cubrirán sus aguas;
cuando camines por el fuego,
no te quemarás ni te abrasarán las llamas.
Yo soy el SEÑOR, tu Dios,
el Santo de Israel, tu Salvador (Is. 43:1-3).

Dios dice que somos suyos, que le pertenecemos a Él. Nos ama en verdad, con profundidad, en lo más íntimo y por completo. En las Escrituras, Él usa algunas de las más hermosas ilustraciones, el lenguaje más poético, para describir cómo se siente con respecto a nosotros y la relación que anhela tener con nosotros. La relación que Él creó para que la compartamos.

Algunas veces, Él se compara a sí mismo a un novio que se goza por nosotros, su novia amada (Os. 2:19-20; Ef. 5:22-23). Otras veces, Él se describe a sí mismo como un padre que lleva en brazos a su pequeño (Dt. 1:31) o como una madre que consuela a su hijo (Is. 66:13). Se hace referencia a Jesús como «nuestro hermano mayor» (Col. 1:18; He. 2:10-18) y nuestro mejor amigo. La mayoría de nosotras logra relacionarse al menos con una de esas imágenes. Podemos identificarnos con el amor que sentimos en nuestro corazón por los demás (e idealmente el amor que recibimos de los demás) para tener una mínima idea de la clase de amor que Dios tiene por nosotras. Pero incluso si nuestras relaciones humanas no están a la altura del ejemplo de Dios, como Él pretendió, su amor permanece.

Isaías 49:14-16 nos dice:

> Sión dijo: «El Señor me ha abandonado;
> el Señor se ha olvidado de mí».

Pero Dios respondió:

> «¿Puede una madre olvidar a su niño de pecho,
> y dejar de amar al hijo que ha dado a luz?».

¡Por supuesto que no!

Bueno, al menos no es lo normal. *Es* posible... pero incluso, si algo tan precioso, tan profundo y tan duradero como el amor de una madre falla, el amor de Dios nunca fallará.

Dios afirma:

> «Aun cuando ella lo olvidara,
> ¡yo no te olvidaré!
> Grabada te llevo en las palmas de mis manos».

Grabada te llevo en las palmas de mis manos.

Algunas traducciones de este texto dicen «inscrita»,

«tatuada» o «imborrablemente impresa». ¡Qué poderosa ilustración! Nunca estamos fuera de la mirada de Dios. Nunca estamos fuera de su mente. Siempre estamos en sus pensamientos y en su corazón. Estamos bajo sus alas, donde encontramos refugio (Sal. 91:4).

En Efesios 3:17b-18, el apóstol Pablo escribe: «Y pido que, arraigados y cimentados en amor, puedan comprender, junto con todos los santos, cuán ancho y largo, alto y profundo es el amor de Cristo».

Continúa diciendo que él quiere que «conozcamos» el amor que Dios tiene para nosotros, para entender realmente esta verdad transformadora. La clase de conocimiento por la que él ora no es solamente «conocimiento mental», un consentimiento mental de un hecho establecido. Es «conocimiento del corazón», un entendimiento creciente, continuamente expansible y profundo de una realidad que no puede ser entendida totalmente sin la intervención sobrenatural de Dios.

> Que conozcan ese amor que sobrepasa nuestro conocimiento, para que sean llenos de la plenitud de Dios (Ef. 3:19).

¡Entonces no queda lugar para el temor! Ni un centímetro.

En Romanos 8:31-34, Pablo preguntó:

> ¿Qué podemos decir acerca de cosas tan maravillosas como éstas? Si Dios está a favor de nosotros, ¿quién podrá ponerse en nuestra contra? Si Dios no se guardó ni a su propio Hijo, sino que lo entregó por todos nosotros,

> ¿no nos dará también todo lo demás? ¿Quién se atreve a acusarnos a nosotros, a quienes Dios ha elegido para sí? Nadie, porque Dios mismo nos puso en la relación correcta con Él. Entonces, ¿quién nos condenará? Nadie, porque Cristo Jesús murió por nosotros y resucitó por nosotros, y está sentado en el lugar de honor, a la derecha de Dios, e intercede por nosotros (NTV).

Cuando sabemos quién es Jesús y lo que hizo por nosotras, cómo nos amó, cómo murió por nosotras; cuando sabemos que Él perdona nuestros pecados, que nuestro futuro está en el cielo, que incluso ahora Jesús mismo está orando por nosotras, intercediendo en nuestro favor, ¿cómo podemos tener miedo?

Pablo continúa: «¿Acaso hay algo que pueda separarnos del amor de Cristo? ¿Será que él ya no nos ama si tenemos problemas o aflicciones, si somos perseguidos o pasamos hambre o estamos en la miseria o en peligro o bajo amenaza de muerte? ... Claro que no, a pesar de todas estas cosas, nuestra victoria es absoluta por medio de Cristo, quien nos amó».

Y concluye: «Y estoy convencido de que nada podrá jamás separarnos del amor de Dios. Ni la muerte ni la vida, ni ángeles ni demonios, *ni nuestros temores de hoy ni nuestras preocupaciones de mañana*. Ni siquiera los poderes del infierno pueden separarnos del amor de Dios. Ningún poder en las alturas ni en las profundidades, de hecho, nada en toda la creación podrá jamás separarnos del amor de Dios, que está revelado en Cristo Jesús nuestro Señor» (Ro. 8:35-39, NTV, cursivas añadidas).

Podemos caminar sin temor, llenos de esperanza y valor, y fortalecidos para hacer su voluntad, esperando el bien inagotable que Él continuamente nos da tan pronto como Él nos capacita para asimilarlo.

George MacDonald

Corrie tenía apenas seis años cuando comenzó a entender la realidad del sufrimiento y la muerte. Su madre la había llevado de visita a la casa de una vecina que acababa de perder a un hijo por enfermedad. Corrie nunca olvidaría los rostros golpeados por el dolor de la familia allí reunida. Por primera vez, se le ocurrió a la niña que los miembros de *su* familia —sus hermanos y hermanas, sus padres— podrían morir. Ella se angustió tanto que no pudo comer durante el resto del día. Esa noche no podía dormir. Cuando su padre entró para verla, ella rompió a llorar.

«Los necesito —sollozaba Corrie—. No pueden morir. No pueden». El padre de Corrie se sentó a su lado y con sabiduría se resistió a hacer una promesa que no podía mantener. En cambio, comentó suavemente: «Corrie, cuando tú y yo vamos a Ámsterdam, ¿cuándo te doy el billete?».

Sorprendida por la pregunta, Corrie pensó por un momento: «Pues… ¡justo antes de subir al tren!».

«Exactamente —dijo su padre—. Nuestro sabio Padre celestial sabe cuándo vamos a necesitar las cosas también. No te adelantes a Él, Corrie. Cuando llegue el momento en que algunos de nosotros tengamos que morir, mirarás dentro de tu corazón y encontrarás la fuerza que necesitas justo a tiempo».[2]

Él tenía razón. Esa fuerza le llegó a Corrie décadas después cuando ella, su padre y su hermana Betsie fueron arrestados por esconder judíos en su casa durante la ocupación nazi de Holanda. Justo a tiempo, Dios le dio a Corrie la fuerza que la sostendría durante los indescriptibles horrores de los campos de concentración y las brutales muertes de sus amados padre y hermana. Fue esta medida sobrenatural de gracia y fuerza lo que entonces le dio la fortaleza, cuando era una anciana, para viajar por todo el mundo hablando de su experiencia, predicando el evangelio a millones de personas y proclamando la verdad de que «no hay fosa tan profunda para que el amor de Dios no sea más profundo aún».

No tenemos que vivir en temor por lo que nos aguarda en el futuro o cómo enfrentaremos los retos que están por llegar. Dios tiene el control. Podemos llevarle a Él todas nuestras preocupaciones y temores y Él llenará nuestros corazones con su paz. Tenemos la certeza de que, a pesar de lo que ocurra, Él siempre estará con nosotros. ¡Él nos ama abundantemente!

Y descubriremos, como lo hizo Corrie, que Él nos dará la fuerza y el valor que necesitemos justo cuando lo necesitemos.

Ten valor en las grandes penas de la vida y paciencia en las pequeñas. Y cuando hayas terminado tu tarea diaria, ve a dormir en paz. Dios continúa despierto.

Víctor Hugo

Estudio bíblico

1. Lee Isaías 61:1-3 y después Isaías 42:3. ¿Qué revelan estos versículos (que hablan proféticamente de Jesús) sobre el corazón de Dios hacia nosotras? ¿Qué nos ha prometido Él?

2. De acuerdo al Salmo 103:11-14, no tenemos que vivir cargadas por la culpa, atadas por el temor o cubiertas de vergüenza. ¿Por qué no?

3. ¿Qué ánimo encontramos en Hebreos 4:15-16?

4. Busca 1 Juan 3:18-20. Ninguna de nosotras es perfecta, pero, cuando estamos intentando hacer lo correcto —intentando confiar en Dios y caminar en obediencia a su Palabra—, podemos «hacer descansar nuestros corazones en su presencia». ¿Cómo? ¿Por qué?

5. Ahora mismo, detente por unos momentos para reflexionar en lo que Dios es. ¿Cómo se lo describirías a alguien que no lo conoce? Enumera algunos de sus nombres en las Escrituras, algunos de sus atributos, algunas de las obras que Él ha hecho por ti.

Ahora reflexiona en quién eres tú para Él: lo que Él dice que significas para Él y cómo describe Él sus sentimientos hacia ti.

Cuando tus temores y preocupaciones amenacen con llenar tus pensamientos hoy, vuelve a estos pensamientos y decide en cambio permanecer en ellos.

6. Elige uno de los siguientes versículos (o uno de los mencionados previamente en el capítulo), memorízalo y medita en él durante la semana:

1 Juan 1:9-10
Sofonías 3:17
Isaías 12:2
Salmo 56:3
Salmo 32:7
Salmo 4:8

7. Anota en tu diario cualquier otro pensamiento o reflexión.

Capítulo seis

¡No olvides!

Poseo un pequeño reino,
donde moran pensamientos y sentimientos;
y encuentro muy difícil la tarea de gobernarlo bien.

Louisa May Alcott

Cuando Dios nos llama a enfrentar nuestros temores y a vencerlos, promete darnos la fuerza, el valor, la sabiduría y la dirección que necesitamos.

Él ya nos ha dado las armas, las estrategias para la batalla (2 Co. 6:7; 2 P. 1:3). Las encontramos descritas en detalle, ilustradas con un ejemplo de la vida real tras otro, en las páginas de su Palabra.

Es hora de echar una vistazo más de cerca:

1. Recuerda. Recuerda quién es Dios. Recuerda lo que Él ha hecho por nosotros; cómo ha estado con nosotros y por nosotros, trabajando en nosotros y a través de nosotros. Cómo nos ha protegido y ha provisto para nosotros. Cómo nos ha consolado y nos ha fortalecido. Todas las cosas por las que nos ha visto pasar.

> Alaba, alma mía, al SEÑOR;
> alabe todo mi ser su santo nombre.
> Alaba, alma mía, al SEÑOR,
> y no olvides ninguno de sus beneficios.
> Él perdona todos tus pecados
> y sana todas tus dolencias;
> él rescata tu vida del sepulcro
> y te cubre de amor y compasión;
> él colma de bienes tu vida
> (Sal. 103:1-5).

Recuerda todo lo que Él ha hecho por nuestros amigos y familia, nuestra iglesia, nuestra comunidad y nuestro país. Todas las obras que Él ha hecho a través del tiempo, en las vidas de hombres y mujeres en la historia, en las Escrituras.

> Prefiero recordar las hazañas del SEÑOR,
> traer a la memoria sus milagros de antaño.
> Meditaré en todas tus proezas;
> evocaré tus obras poderosas.
> Tú eres el Dios que realiza maravillas;
> el que despliega su poder entre los pueblos
> (Sal. 77:11-12, 14).

Al mismo tiempo que Josué guiaba a los hijos de Israel a la tierra prometida, Dios hizo muchas obras asombrosas e increíbles para demostrar su poder y su amor, para mostrarles que estaba con ellos. Él los bendeciría en la nueva tierra. Cuando el pueblo llegó a las orillas del río Jordán, era la época de la cosecha y el río venía con su mayor caudal. Pero cuando los sacerdotes que portaban el arca del pacto tocaron el agua del borde del río, la corriente cesó milagrosamente. Se cortó corriente arriba, y todo el pueblo fue capaz de cruzar por el cauce como si fuese tierra seca.

Mientras los sacerdotes permanecían allí de pie, Josué envió a los líderes de las doce tribus de vuelta al cauce del río, y le ordenó a cada uno que tomara una gran piedra. Dijo: «Las usaremos para levantar un monumento conmemorativo». En el futuro, sus hijos les preguntarán: "¿Qué significan estas piedras?". Y ustedes podrán decirles: "Nos recuerdan que el río Jordán dejó de fluir cuando el arca del pacto del SEÑOR cruzó por allí". Esas piedras quedarán como un recordatorio en el pueblo de Israel para siempre» (Jos. 4:6-7, NTV).

Un monumento conmemorativo es una manera de recordar algo precioso o sagrado, algo histórico, algo de importancia vital. Es una hermosa tradición que cada una de nosotras puede continuar en su propio corazón y con su propia familia. Y un arma fabulosa contra la preocupación, la duda y el temor.

Si no lo has hecho ya, comienza a construir monumentos conmemorativos para ayudarte a recordar quién es Dios y lo que ha hecho por ti. Usa un diario o libreta, tu blog o tu página de Facebook, o una aplicación de tu teléfono inteligente, para contar tus bendiciones y recuerdos específicos, eventos concretos en los que Dios tocó tu corazón o tu vida. Toma fotos. Escribe los detalles. O grábalos. Haz videos o diapositivas. Crea una representación visual que puedas mantener delante de ti, como una jarra de piedras de colores, cada una con una fecha importante escrita en ella. Hagas lo que hagas, asegúrate de que lo compartes con los demás. Usa «tus monumentos» para animar e inspirar no solo tu propio corazón, ¡sino los corazones de quienes te rodean!

> Pero yo siempre tendré esperanza,
> y más y más te alabaré.
> Todo el día proclamará mi boca
> tu justicia y tu salvación,
> aunque es algo que no alcanzo a descifrar.
> Soberano Señor, relataré tus obras poderosas,
> y haré memoria de tu justicia, de tu justicia solamente.
> Tú, oh Dios, me enseñaste desde mi juventud,
> y aún hoy anuncio todos tus prodigios.
> Aun cuando sea yo anciano y peine canas,
> no me abandones, oh Dios,
> hasta que anuncie tu poder
> a la generación venidera,
> y dé a conocer tus proezas
> a los que aún no han nacido
> (Sal. 71:14-18).

2. Resiste. Resiste al enemigo de tu alma (Stg. 4:7; 1 P. 5:9). Resiste al padre de la mentira. No recibas, sin darte cuenta, cada pensamiento de ansiedad, cada duda, cada temor que llegue a tu cabeza. En *La silla de plata* de C. S. Lewis, una malvada hechicera enmascarada como ángel de luz hace prisioneros, por un encantamiento, a dos niños y a Charcosombrío, un renacuajo de un pantano. Ella intenta desanimarlos y distraerlos de continuar una aventura desesperada para rescatar a un príncipe perdido mucho tiempo atrás (un príncipe que ella misma ha secuestrado y esclavizado), insistiendo dulcemente en que tal príncipe no existe. Que, en realidad, todo en lo que ellos creen y por lo que están luchando es una mentira... un cuento de hadas... fruto de su imaginación.

Su sutil ridiculización y astuta lógica los hace titubear, hasta que Charcosombrío defiende su posición. Está de acuerdo en que él no es rival para los argumentos inteligentes de la mujer; podrá ser tan ignorante y necio como ella dice, pero le responde: «¡Estoy del lado de Aslan!, incluso si no existiera Aslan... Yo voy a vivir como un narniano, ¡incluso si no existiera Narnia!». Aunque le entrañó un tremendo esfuerzo, Charcosombrío resiste el encantamiento y se aferra tozudamente a lo que sabe que es verdad en lo más profundo de su ser. De repente, la maldición se rompe. Las mentiras de la bruja suenan huecas, vacías y débiles. La luz de la verdad brilla.

Satanás trata de convencernos de que todo aquello en lo que creemos es una mentira, que somos unos necios si tenemos fe en Jesús. Si escuchamos el tiempo suficiente sus tonterías, pronto nos encontraremos dudando de todo lo que sabemos que es cierto, incluso de nuestra propia experiencia real y poderosa.

No es una estrategia nueva; lo intentó con los discípulos de Jesús hace dos mil años. El mundo y Satanás se mofaron de ellos también. Pedro respondió: «Cuando les dimos a conocer la venida de nuestro Señor Jesucristo en todo su poder, no estábamos siguiendo sutiles cuentos supersticiosos sino dando testimonio de su grandeza, que vimos con nuestros propios ojos» (2 P. 1:16). En otras palabras: «Estábamos allí. Vimos lo que ocurrió. Lo experimentamos. ¡Sabemos que es cierto!».

El apóstol Pablo dijo: «Yo sé en quién he puesto mi confianza y estoy seguro de que él es capaz de guardar lo que le he confiado hasta el día de su regreso» (2 Ti. 1:12, NTV).

Así que «lleva cautivo cada pensamiento» en lugar de dejar que tus pensamientos tomen control de ti (2 Co. 10:5).

Debemos permanecer alertas, en especial al comienzo de la tentación, pues al enemigo se le derrota con más facilidad al principio si no se le permite entrar por la puerta de nuestro corazón, sino que lo resistimos fuera de la puerta desde su primera llamada.

Thomas à Kempis

3. Refuta. Refuta esas dudas, esas preocupaciones, esos temores. Refuta las mentiras del enemigo con la verdad, y solamente con la verdad. Eva descubrió esto de una manera muy dura. Apégate a las Escrituras y mantén una conversación de una sola dirección. En esta ocasión, tú eres la única que tiene que hablar, ¡y NO escuchar!

En Mateo 4, Jesús nos da un ejemplo de cómo deberíamos manejar la confrontación con el enemigo de nuestras almas. «Jesús fue llevado por el Espíritu al desierto, para ser tentado por el diablo» (Mt. 4:1, RVR-1960). Tres veces, Satanás se acercó a Él y lo retó; lo probó y lo tentó a pecar. Es probable que hubiera infinidad de maneras en las que Jesús podría haberlo derrotado por la vía sobrenatural. Era, después de todo, Dios hecho carne. Pero Jesús no usó su poder divino para vencer al diablo, quizá porque tú y yo no somos Dios y no tenemos esa clase de poder.

En cambio, Jesús usó un arma que está a disposición de cada creyente, desde el cristiano «bebé» más nuevo, al santo más veterano. Cada vez que el diablo lo tentó, Jesús respondió: «ESCRITO ESTÁ...» (ver Mt. 4:4, 7, 10). Él citó las Escrituras. Usó la Palabra de Dios, la cual es poderosa y viva, «más cortante que una espada de dos filos« (He. 4:12). Él reprendió al padre de la mentira con la Palabra de verdad. A través de su propio ejemplo, Jesús nos mostró cómo derrotar al diablo cuando se acerque a nosotras hoy.

Por tanto, lee las Escrituras. Memorízalas. Medita en ellas. Piensa en ellas, reflexiona en lo que significan y cómo se aplican a tu vida. Escúchalas en el automóvil, o en la cinta de correr, o al quedarte dormida por la noche. ¡Proponte aprender cómo manejar con destreza esta poderosa arma de verdad (2 Ti. 2:15)!

4. Guarda tu corazón y renueva tu mente. Algunas de ustedes quizá se han estado preguntando ¡cuándo iba a llegar a este pasaje de las Escrituras! Aquí está: «No se inquieten por nada; más bien, en toda ocasión, con oración y ruego, presenten sus peticiones a Dios y denle gracias. Y la paz de Dios, que sobrepasa todo entendimiento, cuidará sus corazones y sus pensamientos en Cristo Jesús» (Fil. 4:6-7).

Lleva todas tus necesidades a Dios, agradeciéndole que Él está ya trabajando para suplir lo que falta, contestando tus oraciones. Deja que su paz te proteja.

En la versión Amplified Bible (solo en inglés), en Isaías

26:3 se lee —hablando de Dios—: «Tú guardarás *y* mantendrás en perfecta *y* constante paz a aquel cuya mente [tanto su inclinación como su carácter] persevera en ti, porque él se encomienda a ti, se apoya en ti, *y* espera confiadamente en ti».

La Nueva Traducción Viviente lo expresa de modo un poco más sencillo:

> ¡Tú guardarás en perfecta paz
> a todos los que confían en ti;
> a todos los que concentran en ti sus pensamientos!

Mantener nuestros pensamientos fijos en Él es clave. Pregúntale a Pedro. Él descubrió que podía caminar sobre el agua cuando miraba a los ojos de Jesús. Pero después miró al viento que soplaba y a las olas que rompían alrededor de él, y el temor y la duda empezaron a hundirlo (Mt. 14:25-33). Exactamente como amenazan con hundirnos también a nosotras. Por eso tenemos que permanecer enfocadas en Jesús y fijar en Él nuestros ojos (He. 12:1-3).

> Por último, hermanos, consideren bien todo lo verdadero, todo lo respetable, todo lo justo, todo lo puro, todo lo amable, todo lo digno de admiración, en fin, todo lo que sea excelente o merezca elogio (Fil. 4:8).

Tenemos que llenar nuestros corazones y mentes con la verdad, con pensamientos positivos, alentadores y edificantes. Pero también tenemos que mantener fuera las cosas malas.

Debemos permanecer vigilantes, guardar nuestros corazones y nuestras mentes contra influencias enfermizas o negativas. Puede que sean internas: pensamientos en los que somos tentadas a detenernos en ellos, sentimientos a los que somos tentadas a satisfacernos en ellos, o externas: aquello que leemos y vemos o escuchamos que solo alimenta nuestros temores y frustraciones. Cosas que nos preocupan o nos deprimen y nos desaniman. Algunas veces necesitamos limitar nuestro tiempo con personas específicas, o evitar ciertos lugares o actividades. No es fácil. Necesitamos sabiduría en esto, pero Dios dice que Él nos la dará ¡cuando se la pidamos! (Stg. 1:5)

5. Refresca tu espíritu. Específicamente con canciones. Existe algo en el poder de la alabanza y la adoración que eleva nuestros corazones a Dios y graba su corazón en el nuestro. Las Escrituras nos dicen que Dios habita «entre las alabanzas de» su pueblo (Sal. 22:3, RVR-1960). Experimentamos su presencia de una forma increíble cuando lo adoramos. ¿Y cuándo necesitamos más su presencia que cuando nos sentimos ansiosas, preocupadas o con miedo?

Cuando al rey Saúl lo atormentaba un espíritu maligno, David acudía y tocaba su arpa para él, tocaba los salmos de alabanza y adoración que había compuesto en el campo mientras cuidaba las ovejas. El enojo, el temor, la confusión y la paranoia que habían llenado el corazón de Saúl, comenzaban a disiparse. «La música calmaba a Saúl y lo hacía sentirse mejor, y el espíritu maligno se apartaba de él» (1 S. 16:23).

Yo sé que cuando mi propio espíritu está bajo ataque, si canto canciones sobre la sangre de Jesús que fue derramada por mí y la victoria que Él ganó en el Calvario; si pongo música de alabanza y adoración en casa, o en el automóvil, o en mi iPod; la atmósfera cambia instantáneamente. Para mí es algo bueno, pero para el enemigo se convierte en algo extremadamente incómodo y desagradable, ¡y él se va!

Es una de las razones por las que Efesios 5:19 nos insta a hablar «cantando salmos e himnos y canciones espirituales entre ustedes, y haciendo música al Señor en el corazón» (NTV). Y Hebreos 13:15 describe un «sacrificio de alabanza» como un regalo precioso para presentarse en el altar de Dios.

Quizá tengas que librar una batalla
más de una vez para ganarla.
Margaret Thatcher

En mi propio camino espiritual, en mis propias batallas con el temor, estas han sido definitivamente las cinco mejores estrategias para mí. Estas son las que, al ponerlas en práctica, han sido las más poderosas, las más eficaces, las más transformadoras. Pero hay otras que también uso. Déjame que comparta cinco más contigo:

1. Permanece ocupada «a propósito». No sugiero que ninguna de nosotras deba añadir más presión y estrés a su ya sobrecargada agenda. Estoy pensando en esos tiempos en que estamos esperando algo importante... una llamada, una noticia, una decisión, resultados de unos exámenes médicos. O cuando nos encontramos (por la razón que sea) solas en casa por mucho tiempo. Esos ratos somos particularmente susceptibles al temor y a la preocupación si no tenemos nada más en qué pensar o nada más qué hacer. Las Escrituras nos exhortan a que permanezcamos «alerta y en guardia», sabiendo que a nuestro enemigo le gusta tomar ventaja de esas oportunidades (1 P. 5:8). No ignoramos sus artimañas (2 Co. 2:11).

Por tanto, necesitamos ser proactivas y mantenernos ocupadas a propósito. Tenemos que encontrar algo para ocupar nuestra mente y llenar nuestro tiempo. Planea alguna actividad, programa citas con amigas, haz rompecabezas, ve al cine, sumérgete en buenos libros. Toma una clase o practica un deporte. Reorganiza el armario. Rellena los álbumes de bebé de tus hijos, incluso si ahora ya están en la universidad. Usa ese tiempo para alcanzar a aquellos que padecen alguna necesidad (ve la próxima estrategia). Teje cálidas mantas para pacientes de quimioterapia o gorros para personas sin techo. Anótate como voluntaria en un comedor social o en un albergue; ayuda a construir una casa con la organización Hábitat para la Humanidad. Trabaja en algo; ¡no te quedes ahí sentada y preocupada!

La mejor manera de olvidar tus problemas
es llevar zapatos que te aprieten.

Patsy Clairmont

2. Llega a otros. En particular, a quienes padecen necesidad. Busca maneras de animar a otros. El temor nos hace estar muy enfocadas en nosotras mismas, incluso nos vuelve egoístas y ensimismadas. Es importante recordarnos a nosotras mismas que no somos las únicas personas con problemas en el mundo. No somos las únicas personas que luchan o sufren. Gálatas 6:10 nos exhorta a que «siempre que tengamos la oportunidad, hagamos bien a todos». Escribe notas de ánimo, envía correos electrónicos, textos o mensajes por Facebook. Llama por teléfono. Ora por otros y sus necesidades, ora *con* ellos. Involúcrate en una causa, en un viaje misionero o en un proyecto de servicio a la comunidad. Algunas veces es más fácil ser valiente por otros. Pero la valentía que pedimos para ayudarlos tiene también una manera de regresar para derramarse dentro de nuestra propia vida.

3. Ponte en forma. Todas sabemos que nos sentimos mejor cuando comemos bien, cuando hacemos ejercicio, cuando tomamos aire fresco y el sol, y descansamos bien por la noche. Nuestra salud física afecta sin duda nuestra salud espiritual, y viceversa. Yo he aprendido a la fuerza que es de vital importancia que cuide el cuerpo que Dios me ha dado, para que pueda tener la energía y la fuerza para cumplir toda la tarea que Él me ha llamado a hacer. He visto por mí misma cómo el ejercicio en particular parece reducir mis altibajos emocionales, me ayuda a pensar con más claridad y a manejar mejor situaciones estresantes. Lo siento, pero esta es la verdad.* También he aprendido que algunos problemas de salud y algunas medicaciones pueden causar o contribuir a sentimientos de ansiedad, preocupación o estrés. Así que es importante

* Y no, no es «fácil para mí decirlo». He pasado por ocho cirugías mayores en los últimos cinco años. Estuve en reposo en cama y usé muletas durante dos de esos años. Vivo con dolor crónico. Pero hago lo que puedo. ¡Y tú deberías hacerlo también!

mantener las citas médicas con el doctor y ocuparse de estos asuntos también.

4. Consigue ayuda. Algunas veces puede ayudar de verdad visitar a un consejero. Puede ayudar hablar con alguien sobre los pensamientos de ansiedad que nos dan vueltas y vueltas en la cabeza. Ayuda comentar esas angustias en voz alta a otra persona que escuchará y comprenderá. Un buen consejero servirá como una caja de resonancia: alguien que nos dará perspectiva, nos señalará la verdad y nos sugerirá algunos pasos concretos que podemos dar, cosas que realmente podemos hacer. Algunos consejeros especializados en ayudar a personas en crisis ofrecen apoyo mientras trabajan en un problema específico o en una situación difícil. Otros proporcionan apoyo continuo para aquellos que encuentran beneficioso hablar con alguien de manera regular. Para más información, lee «¿Cuándo debería llamar a un consejero o terapeuta?», en la página 171.

5. Busca el acompañamiento de un pastor de Anatolia. Está bien, esta requiere un poco más de explicación, pero deja que te lo explique. Si alguna vez has estado en un zoológico o has visto los canales Discovery Channel o Animal Planet, probablemente sabrás que los guepardos son los animales más rápidos del mundo. Tienen zarpas grandes que usan para impulsarse cuando empiezan a correr. Sus dientes son muy afilados. Nos pueden parecer muy feroces, pero aparentemente son grandes gatitos asustados; tan asustados, tan asustadizos, que están en peligro de extinción. Simplemente no socializan bien. Son demasiado nerviosos, demasiado ansiosos, demasiado estresados. A menos que tengan pastores, eso sí, pastores de Anatolia.

Es una larga historia, y nadie sabe con seguridad cómo un fenómeno que se observó primero en libertad fue reinventado y aplicado a guepardos que viven en cautividad. Pero, de alguna manera, alguien descubrió que estos perros —estos pastores de Anatolia— son grandes compañeros para estos gatos asustadizos. Durante miles de años, los atrevidos y valientes pastores de Anatolia han guardado las ovejas en Asia, espantando sin miedo a leones, tigres, osos y... guepardos. Y esto ha mantenido con vida a los guepardos, ya que los dueños de las ovejas no han sentido la necesidad de matarlos para proteger sus manadas.

Hace alrededor de cuarenta años, los protectores de la vida salvaje descubrieron que cuando estos valientes perros son instalados con guepardos en los zoológicos y en los parques de animales, actúan como guardianes para los felinos. Los perros son pacientes y amables. Transmiten calma. Su presencia hace sentir seguros y a salvo a los guepardos. Y se relajan. Con el tiempo, los guardas del zoológico han notado que los perros parecen modelar comportamientos saludables como camaradería y juego, y que los guepardos aprenden estas destrezas importantes para la vida de ellos. (No me estoy inventando esto). Y los guepardos felices y relajados tienden a ser amigables con otros guepardos relajados y felices, lo que produce crías felices y relajadas, que para los conservacionistas de la vida salvaje es lo que importa.[1]

Para ayudarnos a crecer desde ser gatitos asustadizos a corazones de león, necesitamos buscar el acompañamiento de algunos pastores. Todas tenemos nuestro Príncipe de los pastores, por supuesto. Pero Él nos ha dado a otros hermanos y hermanas en Cristo que son valientes y atrevidos. Estas personas ejercen una influencia calmante sobre nosotras. Nos hacen sentir seguras. Al mismo tiempo, modelan para nosotras confianza y valor. Nos enseñan cómo ser valientes, asumir riesgos, ¡y divertirnos un poco nosotras mismas!

Me encanta cómo Pam Farrel dice: «Mis mejores amigas vienen en dos tamaños: aquellas más valientes que yo, de las que espero obtener valor, y aquellas menos valientes que yo, que quieren obtener valor de mí».[2]

Eso es lo ideal.

No tenemos que enfrentar nuestro temor solas, y no obtenemos puntos extra por intentarlo. Si somos inteligentes, aceptaremos toda la ayuda que podamos obtener. Y daremos toda la ayuda que podamos dar.

Un amigo es alguien que conoce la canción de tu corazón y puede cantártela a ti cuando tú mismo has olvidado las palabras.

Anónimo

El temor es un acosador, un gran acosador. Y rendirnos a él no hace que se vaya. Al rendirnos a él le damos más poder. Lo incentiva. Lo hace cada vez más fuerte, hasta que se convierte en una fortaleza, un fortín que el enemigo ha construido en el campo de batalla de nuestra mente.

La buena noticia es que no tenemos por qué rendirnos. Podemos resistir. Podemos presentar batalla. ¡Y podemos ganar! (Sal. 60:12). Incluso podemos derribar fortalezas (2 Co. 10:4).

¿Cómo es esto posible?

> Es él quien me arma de valor
>   y endereza mi camino;
> da a mis pies la ligereza del venado,
>   y me mantiene firme en las alturas;
> adiestra mis manos para la batalla,
>   y mis brazos para tensar arcos de bronce
>   (Sal. 18:32-34).

Deja que Él sea hoy tu fuerza y tu escudo.

Estudio bíblico

1. Lee 2 Crónicas 20:1-30. El pequeño reino de Judá se hallaba bajo ataque.

a) ¿Por qué tenía miedo el pueblo (v. 2)?

b) ¿Qué hicieron (vv. 3-4)?

c) ¿Qué pidió el rey Josafat (v. 12)?

d) ¿Cómo respondió Dios? ¿Qué dijo (vv. 15, 17)?

e) ¿Quién guió a los ejércitos de Judá al campo de batalla (v. 21)?

f) ¿Qué ocurrió (vv. 22-25)?

g) ¿Cuál fue el resultado final (vv. 29-30)?

2. Lee el Salmo 9:10. ¿Qué declaración hace el salmista?

3. Al reflexionar en la historia de 2 Crónicas 20 y las estrategias para la batalla de las que hemos hablado en este capítulo, ¿qué te llama la atención? ¿Qué podrías hacer esta semana, hoy mismo, para empezar a practicar estas verdades, aplicando estas estrategias a las batallas que enfrentas?

4. Elige uno de los siguientes versículos (o uno de los mencionados previamente en el capítulo), memorízalo y medita en él durante la semana:

Efesios 4:22-24
Romanos 12:1-2
Colosenses 3:16
1 Tesalonicenses 5:16-18
Hebreos 10:23
2 Tesalonicenses 2:16-17

5. Anota en tu diario cualquier otro pensamiento o reflexión.

Capítulo siete

Forjada en las llamas

Solo a través de la experiencia de pruebas y sufrimiento puede ser fortalecida el alma.

Helen Keller

Es una de las historias más emocionantes del Antiguo Testamento. Nabucodonosor, rey de Babilonia, había construido una estatua de treinta metros de altura y había llamado a toda la élite para que viniera a verla, y que fueran testigos de la ceremonia de dedicación. Tenían que presentarse y adorar la imagen esculpida. Tenían que declarar públicamente total lealtad, obediencia incuestionable, al fiel servicio al rey, o por el contrario, ser arrojados a un horno de fuego en llamas.

Pero Sadrac, Mesac y Abednego no podían hacer semejante reverencia. Los músicos tocaron y el resto de la multitud se arrodilló, pero los tres hombres permanecieron de pie. Aunque estaba furioso, el rey no quería matarlos. Eran muy valiosos para él, sus más sabios consejeros. Intentó darles otra oportunidad.

Pero Sadrac, Mesac y Abednego dejaron claro una vez más

que se negarían a obedecer el decreto del rey. «Si se nos arroja al horno en llamas, el Dios al que servimos puede librarnos del horno y de las manos de Su Majestad» (Dn. 3:17).

No puedes evitar asombrarte de su valor. En primer lugar, el valor que supuso quedarse de pie. Y permanecer de pie. El valor no solo de confiar en Dios en sus corazones y creer que Él era capaz de salvarlos, sino que también de declarar eso en público delante de este rey pagano y todos aquellos testigos. ¡Imagínate a ti misma allí!

Sin embargo, su más valerosa postura estaba aún por llegar: «Pero aun si nuestro Dios no lo hace así, sepa usted que no honraremos a sus dioses ni adoraremos a su estatua» (Dn. 3:18).

A pesar de todo. Seguiremos amando a Dios. Seguiremos confiando en Dios. Seguiremos sirviendo a Dios. Incluso si Él no hace un milagro en nuestro favor. Incluso si Él no viene en nuestro rescate. Incluso si Él no nos libra de una muerte en llamas.

Incluso si Él no lo hace.

> *El valor es casi una contradicción. Significa un fuerte deseo de vivir con la disposición a morir.*
>
> Gilbert K. Chesterton

Porque a veces Él no lo hace. Y eso es un hecho. Es una realidad para la que tenemos que vivir preparadas. Es una parte muy real de enfrentar nuestros temores: saber que Dios no siempre interviene. A veces Él permite que cosas horribles nos sucedan a nosotras o a las personas que nos importan. A veces nuestros temores se hacen realidad, las cosas que tememos ocurren. Esperamos que no sucedan. Sabemos que la mayoría de las veces no ocurren. Pero tenemos que decidir si confiaremos en Dios aun cuando sobrevengan.

Algunas veces se trata de cáncer. A veces es un tumor cerebral. En ocasiones es diabetes, o enfermedades del corazón o ceguera o...

A veces es el desempleo, o el hambre o la falta de un hogar. En ocasiones es la bancarrota o la ruina financiera o...

A veces es la soledad, o es el divorcio o la viudez. En ocasiones es la falta de hijos o la esterilidad. O puede ser un hijo pródigo o un padre al que no podrías importarle menos. O...

A veces es el rechazo, o puede ser la traición. A veces es la persecución, o es el maltrato o el abandono o la negligencia. En ocasiones es una violación o violencia doméstica. O...

A veces es la muerte, todo tipo de muerte.

En Hebreos 11:33-35 leemos sobre los triunfos de muchos de los grandes hombres y mujeres de la Biblia «los cuales por la fe conquistaron reinos, hicieron justicia y alcanzaron lo prometido; cerraron bocas de leones, apagaron la furia de las llamas y escaparon del filo de la espada; sacaron fuerzas de flaqueza; se mostraron valientes en la guerra y pusieron en fuga a ejércitos extranjeros. Hubo mujeres que por la resurrección recobraron a sus muertos».

Pero luego continúa diciendo: «Otros... fueron muertos a golpes, pues para alcanzar una mejor resurrección no aceptaron que los pusieran en libertad. Otros sufrieron la prueba de burlas y azotes, e incluso de cadenas y cárceles. Fueron apedreados, aserrados por la mitad, asesinados a filo de espada. Anduvieron fugitivos de aquí para allá, cubiertos de pieles de oveja y de cabra, pasando necesidades, afligidos y maltratados... Anduvieron sin rumbo por desiertos y montañas, por cuevas y cavernas» (vv. 35-38).

Así es como Dios inspiró al escritor de Hebreos para describir a su amado pueblo, sus siervos fieles: «Este mundo no era digno de ellos» (v. 38, NTV).

El mundo no era digno de ellos. Pero de todos modos Él dejó que ellos sufrieran todos esos hechos terribles.

Ellos sabían con absoluta certeza que Él quizá lo haría. Ellos lo entendieron desde el principio.

Y nosotras deberíamos hacerlo también.

El pueblo de Dios siempre ha enfrentado pruebas y tribulaciones, quebrantamientos y apuros, sufrimientos y persecución, por diferentes motivos.

Por una parte, vivimos en un mundo caído, roto, imperfecto, un mundo maldito por el pecado y la muerte. Ha sido así desde el principio... bueno, desde Adán y Eva (Gn. 3:1-24). Sí, Jesús nos ha redimido de la maldición, nos ha hecho libres del poder del pecado y de la muerte (Gá. 3:13; He. 2:14-15). Pero el mundo mismo todavía no ha sido hecho nuevo (Ro. 8:21; 2 P. 3:13). No estamos aún en casa.

Por otra parte, nos persigue un enemigo. En realidad, persigue a Dios. O ya le gustaría que fuera así. Pero no puede, no cuenta con el suficiente poder para enfrentarse contra Dios mismo en toda su gloria. Así que trata de herir a Dios —para herir su corazón— destruyendo la belleza de su creación y enfrentando a sus preciosos hijos en contra de Él y a unos en contra de otros. Desde el Edén, Satanás se la ha pasado ocasionando estragos, llenando los corazones y las mentes de la gente con maldad, causando tanto trauma y tragedia, tanta muerte y destrucción, como puede. Porque él sabe que sus días están contados (Ap. 12:12). Y Dios ha permitido esto solo porque al final sirve para sus propósitos. Nos prueba y revela lo que guardan nuestros corazones. Nos da una oportunidad legítima de elegir en quién o en qué vamos a confiar, a quién o a qué serviremos. Cuando respondemos al sufrimiento ejerciendo una mayor fe y confianza en Dios, esto consigue en nosotras que cultivemos una relación con Él aún más profunda, más íntima (1 P. 1:6-7).

Luego está el mundo mismo. Me refiero a las personas que deciden ser enemigas de Dios, amando la oscuridad más que la luz (Jn. 3:19). A veces están ahí para ir en contra de nosotras también.

Jesús nos advirtió varias veces sobre este acecho. Nos dijo que no nos sorprendiéramos: «Si el mundo los aborrece, tengan presente que antes que a ustedes, me aborreció a mí. Si fueran del mundo, el mundo los querría como a los suyos. Pero ustedes no son del mundo, sino que yo los he escogido de entre el mundo. Por eso el mundo los aborrece... Si a mí me han perseguido, también a ustedes los perseguirán» (Jn. 15:18-20).

En Mateo 5:11-12 añadió: «Dichosos serán ustedes cuando por mi causa la gente los insulte, los persiga y levante contra ustedes toda clase de calumnias. Alégrense y llénense de júbilo, porque les espera una gran recompensa en el cielo».

Entonces, en Juan 16:33, Él explica: «Yo les he dicho estas

cosas para que en mí hallen paz. En este mundo afrontarán aflicciones, pero ¡anímense! Yo he vencido al mundo».

[La verdadera valentía es] cuando sabes que vas a perder, pero de todos modos emprendes la acción y la llevas a cabo a pesar de todo.

Harper Lee

> Queridos hermanos, no se extrañen del fuego de la prueba que están soportando, como si fuera algo insólito. Al contrario, alégrense de tener parte en los sufrimientos de Cristo, para que también sea inmensa su alegría cuando se revele la gloria de Cristo (1 P. 4:12-13).

Gran parte del Nuevo Testamento se escribió para creyentes que enfrentaban el temor a las pruebas, el sufrimiento y la persecución. En su mayoría, el Nuevo Testamento lo escribieron creyentes que ya habían experimentando pruebas, sufrimiento o persecución o que en ese momento pasaban por ellos. Si se nos ha prometido que experimentaremos dolor y sufrimiento, ¿cómo es posible NO tener miedo?

Cuando el enemigo intenta llenar nuestras mentes con visiones de todas las cosas terribles que podrían estar esperándonos, todas las cosas que podrían resultar terriblemente, terriblemente mal, sabemos ahora que no podemos consolarnos a nosotras mismas diciendo: «Dios nunca dejará que eso me ocurra a mí».

Puede que no lo haga. Pero, repito: puede que sí.

Entonces, ¿qué *podemos* decir?

En esos momentos desesperados, cuando sentimos al temor y al pánico cobrar fuerza, en lugar de intentar resolverlo con una afirmación reconfortante, creo que deberíamos considerar hacernos a nosotras mismas una pregunta. O mejor, tres:

1. No: «¿Por qué yo?», sino: «¿Por qué no yo?». ¿Por qué no debería yo sufrir (sea lo que sea)? ¿Por qué no debería yo experimentar esto? Otras personas lo hacen. Millones de personas en este planeta han enfrentado las mismas clases de apuros, de pruebas, los mismos sufrimientos. Muchos de ellos han experimentado cosas mucho peores. No tengo que mirar muy lejos para ver a alguien con quien no quisiera intercambiarme. Alguien cuyas pruebas me parecen completamente abrumadoras. ¡Y hay personas que sienten lo mismo con respecto a mí! Sé que es un privilegio compartir los sufrimientos de Cristo (Fil. 3:7-11).

Pero si miro atrás... en el tiempo, a un campo de exterminio nazi, por ejemplo... O al otro lado del océano donde niños muertos de hambre escarban entre las montañas de basura para encontrar algo para comer... A través de una oscura avenida donde otras mujeres viven en esclavitud y otros trafican con ellas... O a un país donde hermanos y hermanas en Cristo son aún en este tiempo —ahora mismo— torturados y ejecutados por su fe...

No tengo nada que decir.

Solo puedo postrarme delante de Dios y agradecerle por los sufrimientos que Él ha elegido especialmente —seleccionado—

para mí. Porque Él sabe mejor que nadie la cruz que yo soy capaz de llevar. Y oro para que, si llega el día en que Él me pida que lleve una de esas otras cargas que me obsesionan, una de aquellas a las que temo o me amedrentan, en esa oportunidad me dé el valor y la fuerza para pasar la prueba. Que pueda soportarla bien y dar gloria y honra a su nombre.

> Y después de que ustedes hayan sufrido un poco de tiempo, Dios mismo, el Dios de toda gracia que los llamó a su gloria eterna en Cristo, los restaurará y los hará fuertes, firmes y estables. A él sea el poder por los siglos de los siglos. Amén (1 P. 5:10-11).

Tuve sentimientos de temor sobre el futuro... El diablo seguía susurrando: «Ahora va todo bien, pero ¿qué vendrá después? Vas a estar muy sola»... Y me volví a Dios con cierta desesperación y dije: «Señor, ¿qué puedo hacer? ¿Cómo puedo continuar hasta el final?». Y Él dijo: «Ninguno de los que confían en Mí estará solo». Esa palabra ha estado conmigo desde entonces.

Amy Carmichael

2. ¿Adónde más podemos ir? Durante el principio de su ministerio terrenal, Jesús habló de muchos temas que la gente no entendía. Dicho muchas cosas que la gente no quería oír. A veces la verdad es así. Difícil de escuchar. Difícil de entender.

Juan 6:60-69 nos dice que, tras un sermón, no solo los fariseos resultaron ofendidos. También los seguidores de Jesús exclamaron: «Esta enseñanza es muy difícil; ¿quién puede aceptarla?».

Desde esta ocasión, relatan las Escrituras, muchos de sus discípulos dieron vuelta y ya no lo siguieron. Entonces Jesús miró a los doce y les hizo una pregunta penetrante: «¿También ustedes quieren marcharse?». Simón Pedro respondió sencillamente: «Señor... ¿a quién iremos? Tú tienes palabras de vida eterna. Y nosotros hemos creído, y sabemos que tú eres el Santo de Dios».

Y eso es en realidad a lo que se reduce todo, ¿no?

No siempre entendemos a Dios. No siempre nos gusta lo que Él decide hacer, lo que permite en nuestras vidas, lo que nos requiere que hagamos. Lo que nos pide que soportemos. Llegan temporadas en que estamos heridas y enojadas, momentos en que tenemos miedo, instantes en los que nuestra fe está casi hecha añicos.

¿Pero adónde más podemos ir? ¿A quién más podemos acudir? No existe ningún otro lugar. No existe nadie más. Solo Jesús tiene palabras de vida eterna, y sabemos que Él es el Hijo de Dios. Así que nos aferramos a Él tan fuerte como podemos, y aprendemos a decir con Job (un hombre que sabía una o dos cosas sobre el sufrimiento): «He aquí, aunque él me matare, en él esperaré» (Job 13:15, RVR-1960).

3. ¿Qué es lo peor que puede pasar? Hace algunos años, el autor Joshua Piven creó una serie de libros muy vendidos, y la comenzó con el *Manual de supervivencia en el peor de los casos.* En él ofrecía instrucciones reales, precisas y paso a paso para lectores que tenían miedo a que algún día tuvieran que escapar de arenas movedizas, sobrevivir a un terremoto, derribar una puerta, saltar de un vehículo en marcha, pelear contra un cocodrilo, aterrizar un avión, desactivar una bomba o atender en un taxi a una mujer que esté dando a luz. Es ingenioso, ¿verdad? Si estás preparado para todo —y me refiero a todo— lo que pudiera ir mal, sin importar la probabilidad, no tienes nada que temer.

Por supuesto, no es posible que te prepares para todos los peores casos. Pero formular la pregunta «¿Qué es lo peor que puede pasar?» es un buen punto para comenzar. De hecho, me atrevería a afirmar que podría ser una de las mejores preguntas que, como creyentes, podemos enseñar a plantear a nuestras mentes ansiosas y corazones temerosos.

Te mostraré lo que quiero decir. Toma cualquier situación, cualquier escenario que esté causándote temor o terror y plantéate esta pregunta: «¿Qué es lo peor que puede pasar?». Cuando hayas respondido la pregunta, respóndete esta otra: «Está bien, y ¿luego qué?». Y después esta: «¿Entonces, qué?». Llévalo por la ruta más oscura y miserable que puedas. Es adonde tu mente trata de llevarte, al fin y al cabo. Esta vez, sigue adelante hasta el final.

Te daré una pista: no importa qué crisis, prueba o la peor de las situaciones en la que empieces, y cuántos pasos te lleve alcanzarla, la penúltima respuesta es siempre: «y entonces yo (o nosotras) sufro una muerte agonizante miserablemente lenta y dolorosa». El peor de los casos, ¿recuerdas? Lo cual, no importa cuán lento pase, solo puede durar un tiempo determinado. (¡Piensa en lo rápido que transcurrió el año pasado!).

Y luego, ¿qué?

Y entonces estamos seguras en los brazos de Jesús. En

casa, en el cielo, para siempre. En un lugar donde el mal nunca puede alcanzarnos, nunca puede amenazarnos o herirnos de nuevo. Un lugar donde no existe daño alguno, no existe quebrantamiento, ni sufrimiento, ni dolor.

Piensa en ello. Para aquellas de nosotras que lo amamos a Él, cada posible escenario termina de la misma forma. Cuando lo miramos así, cambia todo.

En los días siguientes a la muerte y resurrección de Jesús, las buenas nuevas del evangelio se esparcían como el fuego. La iglesia primitiva crecía a un ritmo alarmante (era alarmante al menos para sus enemigos). Era la primera vez que la iglesia comenzaba a sufrir persecución alentada por el estado. A muchos de los discípulos de Jesús los encarcelaron, torturaron y ejecutaron por su fe.

En un momento dado, el rey Herodes había arrestado a Simón Pedro, planeando llevarlo a juicio después de la Pascua. Herodes lo mantenía custodiado por una cuadrilla de dieciséis hombres. Pedro permanecía encadenado entre dos de los soldados las veinticuatro horas. Pero, a pesar de las maquinaciones de Herodes, no era el tiempo de que Pedro partiera. Dios todavía tenía trabajo para él. La noche antes del juicio, un ángel del Señor apareció y una luz resplandeció en la celda. El ángel tocó a Pedro en el costado y lo despertó. «Levántate Pedro», le ordenó, y las cadenas cayeron de las manos de Pedro (Hch. 12:7).

Cualquier cosa de esa escena nos puede parecer un poco extraña, aparte de la visitación del ángel, ¿no? Piensa en ello... si te encontraras en la celda de una prisión, sabiendo que serías ejecutada a la mañana siguiente, ¿qué estarías haciendo?

¿Paseándote con ansiedad? ¿Restregándote las manos con nerviosismo? ¿Clamando a Dios en temor y desesperación? ¿O durmiendo tan profundamente que alguien tuviera que golpearte para despertarte?

¿Cómo consiguió hacerlo él? ¿Cómo pudo Pedro dormir en una situación como esa? En una palabra: confianza. Pedro confió en Dios totalmente y por completo. Él sabía que su vida estaba en las manos de su Padre celestial. De una manera o de otra, saldría bien de la situación. Si vivía, Dios estaría con él. Si moría, él estaría con Dios. Cualquiera de las dos maneras era buena para él.

Pablo habló sobre lo mismo cuando afirmó que «estar ausente del cuerpo» era «estar presente con el Señor» (2 Co. 5:8). Él le compartió a la iglesia en Filipos que, francamente, se sentía un poco dividido cuando recordaba las veces en que su vida había estado en peligro: «Deseo partir y estar con Cristo, que es muchísimo mejor, pero por el bien de ustedes es preferible que yo permanezca en este mundo» (Fil. 1:23-24).

¿Recuerdas Hebreos 11:35, que se refiere a algunos que «para alcanzar una mejor resurrección no aceptaron que los pusieran en libertad»? Ellos entendieron que ser rescatado o resucitado de los muertos era maravilloso, si Dios tenía un propósito en ello, si Él todavía tenía trabajo para ellos. Pero todos los que fueron resucitados de los muertos según las Escrituras murieron de nuevo más adelante. Pedro, a quien un ángel rescató en una ocasión, fue crucificado en otra.

En este mundo, el dolor, el sufrimiento y la muerte no pueden evitarse. Pero la buena noticia es que este mundo no es «tan bueno como se espera». Al menos, no para nosotras.

El autor Randy Alcorn hace una observación poderosa: para los incrédulos, de hecho, lo es.[1] Para aquellos que deciden no confiar en Jesús —aquellos que rechazan su salvación— este mundo es lo más parecido al cielo que verán. Este mundo lleno de guerra, pobreza, hambre, enfermedad, apuros, quebrantamiento, traición y decepción es el mayor paraíso que jamás experimentarán. Desde aquí, ya solo es cuesta abajo. Cuesta abajo hasta el infierno, la separación eterna de Dios. Alejado y distante de todo lo que es bueno o verdadero o bondadoso o amoroso, de todo lo agradable o feliz o hermoso, de todo lo creativo o inspirador o edificante.

Pero para aquellas de nosotras que escogemos a Jesús, aquellas que creemos en Él, confiamos en Él, lo amamos y lo servimos, este mundo es lo más parecido al infierno que jamás veremos. Esto es lo más duro, lo más difícil, lo más doloroso, lo más malvado que enfrentaremos nunca. Y se acaba antes de darnos cuenta, como un suspiro. A partir de aquí, solo llega a ser mejor y mejor. Y mejor.

Entonces, ¿cómo podemos vivir con miedo?

Martín Lutero lo sabía bien. Lutero era un hombre apasionado por su fe en Cristo, comprometido a exponer la corrupción que había en la iglesia y a sujetarse a las más elevadas normas, insistiendo en hacer la Palabra de Dios accesible a la gente común en un lenguaje que alcanzara a entender. Le costó mucho; Lutero fue vetado, exiliado, amenazado con torturas y con la muerte. Pero, en todo ello, aprendió que el diablo no tenía nada que hacer con él; tampoco sus enemigos humanos ni los enemigos de su alma podían compararse con el poder de Dios. Hace casi quinientos años, Lutero escribió estas palabras:

Castillo fuerte es nuestro Dios, defensa y buen
escudo.
Con su poder nos librará en este trance agudo.
Con furia y con afán acósanos Satán,
por armas deja ver astucia y gran poder;
cual él no hay en la tierra.

Nuestro valor es nada aquí, con él todo es perdido.
Mas por nosotros pugnará de Dios el Escogido.
Es nuestro Rey Jesús, el que venció en la cruz,
Señor y Salvador, y siendo Él solo Dios,
Él triunfa en la batalla.

Aunque estén demonios mil prontos a devorarnos,
no temeremos, porque Dios sabrá como
ampararnos.
Que muestre su vigor Satán, y su furor;
dañarnos no podrá, pues condenado es ya
por la Palabra Santa.

Esa palabra del Señor, que el mundo no apetece,
por el Espíritu de Dios muy firme permanece.
Nos pueden despojar de bienes y hogar,
el cuerpo destruir, mas siempre ha de existir
de Dios el Reino eterno.
¡Aleluya!
(«Castillo fuerte es nuestro Dios»; trad. Juan Bautista
Cabrera)

En 2 Corintios 4:16-18, Pablo declaró: «Por tanto, no nos desanimamos. Al contrario, aunque por fuera nos vamos desgastando, por dentro nos vamos renovando día tras día. Pues los sufrimientos ligeros y efímeros que ahora padecemos producen una gloria eterna que vale muchísimo más que todo sufrimiento. Así que no nos fijamos en lo visible sino en lo invisible, ya que lo que se ve es pasajero, mientras que lo que no se ve es eterno».

En definitiva, así es como enfrentamos el temor: con nuestros ojos puestos fijamente en nuestra esperanza eterna y en nuestro glorioso Salvador.

La parte más importante de nuestra tarea será decir a todo el mundo que quiera escuchar que Jesús es la única respuesta para los problemas que perturban los corazones de los hombres y de las naciones. Tendremos derecho a hablar porque podemos decir desde nuestra experiencia que su luz es más poderosa que la más profunda oscuridad... Cuán maravilloso es que la realidad de su presencia es mayor que la realidad del infierno que nos rodea.

Betsie Ten Boom, hablando a su hermana Corrie, mientras estaban prisioneras en un campo de concentración nazi

Estudio bíblico

1. Pasa unos minutos leyendo los dos primeros capítulos del libro de Job. ¿Qué es lo sabemos, que Job no sabía, sobre su sufrimiento? (1:6-12; 2:1-6) ¿Para qué sirvió?

2. Aunque él no veía el cuadro completo, no sabía la historia completa, aunque no podía haber entendido qué le estaba ocurriendo o por qué, ¿cómo respondió Job? (1:20-22; 2:10)

3. Si continúas leyendo el libro de Job, verás que planteó algunas preguntas sinceras. Él debatió sobre la naturaleza del sufrimiento y la naturaleza del mismo Dios con aquellos que llegaron a «consolarlo» (en realidad a acusarlo). En su momento, Dios respondió a Job, aunque no de la manera que él esperaba. Lee Job 42. ¿Cómo termina la historia?

4. Ve al Salmo 40. El salmista se regocija en que Dios al fin lo ha liberado de su sufrimiento. Según el Salmo 40:3, ¿qué le dio Dios? ¿Para qué propósito mayor sirvió este sufrimiento?

5. ¿Puedes pensar en un ejemplo de tu propia vida, un propósito mayor para el que algunos de tus sufrimientos ya hayan servido?

6. Elige uno de los siguientes versículos (o uno de los mencionados previamente en el capítulo), memorízalo y medita en él durante la semana:

Salmo 27:1
Salmo 119:114
Juan 14:27
Isaías 35:3-4
Santiago 1:12
Romanos 16:20

7. Anota en tu diario cualquier otro pensamiento o reflexión.

Capítulo ocho

¡Sin temor!

No me desees felicidad; no espero ser feliz. Ha llegado más allá de eso, de alguna manera. Deséame coraje, fuerza y sentido del humor; los necesitaré todos.

Anne Morrow Lindberg

El apóstol Pedro estaba escribiendo una carta a algunos creyentes muy valientes que atravesaban tiempos difíciles. Se detuvo en la mitad de su carta para incluir una nota especial sobre unas mujeres particularmente valientes, mujeres que creyeron en Jesús y pusieron su confianza en Él, incluso cuando sus esposos no lo habían hecho (1 P. 3:1-6). Recuerda que esa era una época en que, culturalmente, a la mayoría de mujeres se les denegaba habitualmente lo que podríamos considerar derechos humanos básicos, incluidos el derecho a educación, el derecho a una ocupación, a la posesión de una propiedad, y a libertad política y religiosa. Elegir ser una seguidora de Jesucristo, sin la aprobación o el consentimiento de su esposo, era un paso muy atrevido para cualquier mujer.

Pero esas mujeres habían experimentado el poder transformador del evangelio. Conocían el amor de Cristo. Conocían el perdón de sus pecados. Conocían la nueva vida que Dios ya les había dado y la vida eterna que les había prometido. Era natural que estuvieran ansiosas porque sus esposos compartieran la experiencia. Ellas querían que sus esposos conocieran a Jesús también. Y quizá fueron tentadas (como lo han sido las mujeres en la misma posición desde entonces) a intentar que eso ocurriera. Intentarlo en su propia sabiduría, en sus propias fuerzas, intentarlo de todas las maneras incorrectas. Pero Pedro les dio a esas mujeres un consejo sabio, un consejo que podemos aplicar a muchas áreas diferentes de nuestra vida en la actualidad.

Él explicó que no haría ningún bien predicar todo el tiempo, o criticar o quejarse o discutir. No se puede sermonear o acosar a la gente para que crea en Cristo. La manipulación y la seducción tampoco son eficaces para ese propósito. Pedro dijo que, en cambio, estas mujeres deberían vivir su fe a diario y ser un buen ejemplo. Deberían tratar a sus esposos con respeto sincero y genuino, algo que al parecer todo hombre está diseñado para anhelar, aun por encima del amor y el afecto. Dejemos que tomen el liderazgo, como Dios les ha llamado a hacerlo. Anímalo y apoya sus esfuerzos para proteger y proveer para la familia. Esta clase de actitud amorosa es una manera mucho más eficaz de mostrar a un esposo no creyente la diferencia que marca la fe en Jesús. (Así exactamente es como mi abuela llevó a mi abuelo a creer en Cristo. Años más tarde él diría: «Simplemente no podía creer que se hubiera enamorado de otro Hombre… ¡pero tampoco podía negar que el hecho de que lo amara a Él, de alguna manera, ayudaba a que ella me amara más a mí!»).

A medida que explicaba todo esto en su carta, Pedro hizo un par de observaciones fascinantes sobre el temor. Y eso es precisamente en lo que quiero enfocarme. Él señaló a Sara como un ejemplo de una mujer que era respetuosa con su esposo y con su liderazgo, y luego añadió: «Ustedes son hijas de ella si hacen el bien y viven sin ningún temor» (1 P. 3:6).

Parece que la virtud o la cualidad de carácter más sobresaliente de Sara —la que nosotras tenemos que emular— es que ella no tenía temor ni ansiedad. No daba lugar al temor. Pero ¿qué tiene eso que ver con su «obediencia» a Abraham? Bien, cuando leemos la historia de Sara en Génesis 12—23, sabemos que ella no eligió «obedecer» o «someterse» a él por temor. No. Ella dejaba que Abraham liderara su familia, pero ella podía tomar el control cuando quería. Sabemos esto por las veces que lo hizo con resultados impresionantemente desastrosos. No, Sara no le temía a Abraham. Creo que esa es una de las conclusiones de Pedro. No respetamos y obedecemos a quienes están en autoridad por temor a ellos. No vivimos en temor cobarde a otros seres humanos o permitimos que el temor nos domine, nos controle o nos destruya. Tememos a Dios. Y porque le tememos (respetamos), respetamos a otras autoridades que Él ha establecido o ha puesto en ese lugar.*

---

* Es importante observar que este pasaje de las Escrituras no aconseja que las mujeres se sometan al mal, que se obliguen a sí mismas a participar en comportamiento pecaminoso por mandato de sus esposos o sufrir en silencio violencia o maltrato. Tal interpretación claramente ignora todo el consejo de Dios, las numerosas Escrituras que enseñan lo contrario. «El prudente

Regresemos a Sara. Ella tampoco siguió el liderazgo de Abraham porque confiara en él por completo, porque ella pensara que él era infalible. Ella sabía más que eso. A veces Abraham mostraba un tremendo escaso juicio propio. Entonces, ¿cómo podía Sara confiar en Abraham y seguir (someterse a) su liderazgo? La respuesta corta es que no lo hizo. No confiaba en Abraham. Ella confiaba en Dios. Y por eso no tenía miedo a seguir a Abraham. Ella sabía que Dios estaba guiando a Abraham y que, si Abraham desobedecía a Dios, si Abraham dejaba a Dios, si Abraham se desviaba del camino, entonces Dios trataría con Abraham, de una manera o de otra (Pr. 3:25). Dios actuó así, en repetidas ocasiones.

La confianza de Sara estaba en Dios. Por eso, ella no tuvo miedo de empacar todo, dejar su país, su pueblo, su familia, y vagar hacia quién sabe dónde, siguiendo a Abraham, que seguía a Dios «a la tierra que [Yo] te mostraré» (Gn. 12:1). Por eso ella no tenía miedo a comenzar las muchas aventuras que les llevarían a través de Egipto y Canaán, que les llevarían al nacimiento de su hijo Isaac, y que les harían «el padre y madre de muchas naciones, de reyes, de pueblos» con descendientes tan numerosos como las estrellas del cielo y la arena de la orilla del mar.

Aun cuando Sara se adelantó a Dios, e intentó hacer que las cosas ocurrieran, ella creía en el plan de Dios o su propósito para ellos. Solo pensó que Él necesitaba una pequeña ayuda para conseguir que se cumplieran. (¿Qué mujer no ha hecho eso alguna vez?).

---

ve el peligro y lo evita» (Pr. 27:12). Si estás en peligro, sé valiente para pedir ayuda, y apártate del camino dañino de inmediato. Para saber más sobre la respuesta bíblica a relaciones de maltrato, busca los libros de Leslie Vernick en los Recursos Recomendados.

Las Escrituras nos dicen que Sara era una mujer hermosa. Era tan hermosa que cuando tenía sesenta o setenta años, fue deseada por el faraón, el rey de Egipto, quien intentó tomarla para su harén.

Pedro nos dice que lo que realmente hacía a Sara hermosa, lo que hace hermosa a cualquier mujer, no es su belleza externa, ni sus joyas, su maquillaje o su porte, sino «lo que procede de lo íntimo del corazón y consiste en un espíritu suave y apacible. Ésta sí que tiene mucho valor delante de Dios» (1 P. 3:4). Algunas traducciones dicen «un espíritu pacífico», «calmado», «tranquilo» o «con gracia». La Amplified Bible (solo en inglés) añade «no ansioso o consternado».

No inquieto, no irritable o tenso, no preocupado, ni estresado, ni obsesionado, ni forzado, ni profundamente inseguro, ni neurótico, ni dependiente, ni... temeroso.

Volvemos al temor. Lo que nos hace hermosas para Dios y para otros es esa belleza interior que viene de la paz, la fe, la confianza. Confianza, no en nosotras mismas sino en nuestro Dios y en quiénes somos en Él. Valor.

Vivir sin temor. Eso es lo que nos hace bellas. Eso es lo que nos hace libres. Eso es lo que nos hace ser las mujeres que Dios se propuso que seamos.

Creo en ser fuerte cuando todo parece ir mal. Creo que las mujeres felices son las más hermosas. Creo que mañana será otro día, y creo en los milagros.

Audrey Hepburn

Pero ¿qué significa sin temor? ¿Vivir sin temor? Creo que primero tenemos que saber lo que no significa vivir sin temor:

Vivir sin temor ¡no significa que nunca hagas ningún ruido! Puedes tener un «espíritu afable y apacible», un profundo sentimiento de paz, una calma interior, una fuerza y resolución firmes, mientras alcanzas tu casco, tomas tu espada ¡y te preparas para salir a la batalla! Durante su ministerio terrenal, Jesús hizo mucho ruido. Confrontó el pecado, sacó a la luz la maldad y la corrupción, optó por los pobres y los oprimidos. Alcanzó a aquellos que estaban perdidos, a aquellos que estaban heridos. Y no solo cuando ellos fueron a Él. Él acudió a buscarlos. Los encontró donde ellos estaban. Su comportamiento fue considerado escandaloso por la sociedad de su época. El nuestro puede que también lo sea. Quizá hayas escuchado la expresión «las mujeres que se comportan bien ¡rara vez hacen historia!». Si «se comportan bien» significa vivir según las normas de la sociedad, vivir para obtener el aplauso y la aprobación del mundo, entonces Dios no nos ha llamado a comportarnos bien. No nos ha llamado a que seamos agradables y tranquilas y nunca ocasionar ninguna ola. Nos ha llamado a ser buenas. Nos ha llamado a ser justas, santas y radicalmente obedientes a Él. ¡Nos ha llamado a vivir nuestra fe en voz alta!

Vivir sin temor no significa que nunca sientas miedo. A veces todavía sientes temor, pero no dejes que te consuma o te controle. Deja que te sirva. Permite que te alerte, tanto de un peligro real del que necesitas protegerte como de una condición del corazón que necesitas entregar. Y recuerda que el valor no es la ausencia de temor; es la determinación de que algo es más importante. Es el deseo de actuar a pesar de ello. Es triunfar sobre ello.

Vivir sin temor no significa que nunca caigas o falles. Al ser humana, caerás y fallarás todo el tiempo. No importa cuánto decidas no tener más miedo, ser completamente valiente desde ahora en adelante... Recuerda que Pedro proclamó orgullosamente que nunca le daría la espalda a Jesús, que lo seguiría hasta la muerte, incluso justo antes (y por temor) de negar tres veces que conocía a Jesús (Lc. 22:31-34, 54-60). Vas a cometer errores. Y vas a aprender de ellos. Vas a luchar y vas a tropezar. Te vas a encontrar con la misericordia de Dios y a extender esa misma misericordia a otros.

Vivir sin temor no significa vivir según la definición de valor o valentía de otra persona. No significa que trates de forzarte a ti misma a cumplir las normas de otras personas o alcanzar sus expectativas. Tampoco significa que midas tu propio coraje o valentía comparando la tuya con la de ellos. Tú no tienes que ser como ellos. Ellos no son como tú. El llamado de Dios para su vida no es el llamado de Él para la tuya. Lo que Él les pide a ellos no es lo que te pide a ti. Lo que representa un gran salto de fe, una prueba real de valor para una persona, puede ser totalmente diferente para otra. No dejes que nadie, incluida tú misma, subestime esos pasos de fe o te robe el gozo de lo que Dios ha estado haciendo en ti y a través de ti, todas las batallas que se están peleando y ganando. Mantente abierta para que el Espíritu Santo y amigos de confianza, que te conocen bien y que velan por tus intereses, te reten a dar pasos aún mayores. Aliéntate e inspírate en aquellos que van más adelante en el viaje, en aquellos que han alcanzado un lugar en el que algún día te gustaría estar. Pero, si te encuentras a ti misma intentando demostrar tu coraje y valentía haciendo cosas que otros decretaron para que te ganes su aprobación o respeto, has sucumbido a la presión del grupo. Por temor. Para ser valiente no te debe importar lo que otros piensen... sobre cuán valiente eres.

Ahora hablemos sobre lo que vivir sin temor sí significa. Vivir sin temor significa ser audaz:

> **Creer a Dios**. Es creer que Él es quien dice ser y que hará todo lo que dice que hará. Es confiar en Él. Es poner por completo tu fe en Él. En palabras de Jesús: «No temas; cree solamente» (Lc. 8:50, LBLA).
>
> **Obedecer a Dios.** «Fe, en su forma activa, es obediencia».[1] Es obedecer la Palabra de Dios, toda ella, ¡incluyendo las partes que dicen no temas, no te preocupes, no estés ansiosa! Es obedecerlo a Él en todas las otras áreas de nuestra vida también. Es obedecerlo a Él cuando nos llama a ser valientes y atrevidas y a caminar por fe. «No se contenten sólo con escuchar la palabra... Llévenla a la práctica» (Stg. 1:22).
>
> **Vivir plenamente.** Es estar presente. Es experimentar la belleza y la bendición de esta vida, con todos sus gozos y penas. Es abrazar la aventura. «Todos los días del afligido son difíciles; mas el de corazón contento tiene un banquete continuo» (Pr. 15:15, RVR-1960)
>
> **Atreverse a soñar.** Es imaginar, visualizar a

> qué te ha llamado Dios, por qué Él te ha dado todos los dones y talentos, y la experiencia y perspectiva que te está dando. Cómo querrá Él usar esos dones para su reino y para su gloria. Él es «quien puede lograr mucho más de lo que pudiéramos pedir o incluso imaginar» (Ef. 3:20, NTV). La Nueva Versión Internacional dice «muchísimo más» de lo que podemos «imaginarnos». Así que sueña por ti misma, por tu familia, por tu comunidad, por un mundo perdido y que muere en desesperada necesidad.

Para ti, vivir sin temor puede significar también aprender a llegar a ser más auténtica, más real, más abierta y honesta. O puede significar aprender a ser más prudente, más sabia y con más discernimiento. Puede significar aprender a estar abierta a nuevas experiencias, decir «Sí, ¿por qué no?», en lugar de decir automáticamente «¡Por supuesto que no!». Y también puede significar aprender a establecer límites, decir no a obligaciones y compromisos que te sientas presionada a aceptar.

Es algo en lo que debes pensar, algo por lo que debes orar. Algo que debes hablar con tus amigos y familia. ¡Pídele a Jesús que te muestre lo que Él quiere que signifique para ti vivir sin temor!

Yo no soy divertida. Mis guionistas eran divertidos.
Mi dirección era divertida. Las situaciones eran divertidas.
Pero yo no soy divertida. Pero sí soy valiente.

Lucille Ball

Hay decenas y decenas de mujeres llenas de valor en las Escrituras, mujeres que aprendieron a vivir sin temor. Pero fue diferente para cada una de ellas. Algunas de ellas arriesgaron vida y su integridad física; otras se arriesgaron a exponerse al ridículo o al rechazo, al escándalo o a una reputación arruinada. Algunas mujeres salieron de su zona de seguridad, dejaron atrás lo familiar, y aprendieron a llevar una vida nueva y diferente. Algunas se levantaron en una época desesperada e hicieron lo que tenía que hacerse, cuando nadie más podría o quería hacerlo. Algunas clamaron por verdad y justicia. Otras clamaron en nombre de sí mismas, sus hijos o sus familias. Vamos a mirar solo a algunas de ellas:

Sifrá y Fuvá: Estas dos matronas hebreas desafiaron una orden directa del Faraón y se negaron a matar a todos los bebés varones que nacían en los partos que asistían. En cambio, ellas los ocultaban y protegían, y así salvaron a cientos de vidas jóvenes (Éx. 1:17).

Jocabed: La madre de uno de estos bebés varones tuvo el coraje de salvar a su hijo dejándole ir. Escondió a Moisés en una cesta y lo dejó flotando en el río, porque sabía que Dios tenía un llamado para su vida y confiaba en que Él cuidaría de él (Éx. 2:1-10; He. 11:23).

Miriam: La niña que fielmente vigiló al bebé, y después habló con valentía a la hija del faraón cuando esta lo sacó del agua, sugiriéndole inteligentemente que su propia madre, la madre del bebé, fuera su nodriza (Éx. 2:1-10).

Maala, Noa, Hogla, Milca y Tirsa: Las hijas de Zelofehad no tenían hermanos. Cuando su padre murió, sabían que si no actuaban, el nombre de su padre sería olvidado y su herencia familiar se perdería. Expusieron su caso ante Moisés y así se estableció una ley para que las hijas también pudieran heredar, al igual que los hijos (Nm. 27:1-11).

Débora: Esta juez y gobernadora de Israel, la princesa guerrera original, dirigió los ejércitos de Israel a la batalla cuando rehusaron ir sin ella. Hablando proféticamente, ella les advirtió que una mujer se llevaría la gloria por su victoria (Jue. 4—5).

Jael: La mujer de la que Débora habló, esta esposa y madre recibió apaciblemente al general enemigo cuando él huía de la batalla. Ella con amabilidad lo dejó descansar en su tienda y, mientras este dormía, dulcemente atravesó con una estaca su cabeza (Jue. 4:17-21).

Rut: La joven viuda que dejó atrás todo lo que se refería a su vida anterior para convertirse en una leal y fiel compañera para su suegra viuda, adoptando el país de Noemí, su cultura, su fe y su Dios como propios. Rut con valentía abrió su corazón a una nueva vida y a un nuevo amor (Rt. 1:16).

Abigail: La mujer sabia que reconoció el insensato error de su esposo al insultar al futuro rey de Israel. Ella emprendió la acción en seguida, salvando su casa entera, montando para salir al encuentro de David con generosos regalos, y no menos valiosos fueron su sabio consejo y sus palabras de ánimo (1 S. 25).

La viuda de Sarepta: Aunque ella y su hijo pequeño morían literalmente de hambre, ella obedeció a Dios y dio su última comida al profeta Elías, solo para descubrir que, desde entonces, su despensa nunca estaría vacía (1 R. 17:7-16).

La niña sirvienta: Tomada cautiva, raptada de su país

y forzada a trabajar como esclava, la niña no tenía por qué preocuparse por los problemas de salud de su amo. Podría haberse metido en problemas por hablar, pero eso no le impidió hablarle a Naamán sobre el profeta Eliseo y el único Dios verdadero que podía curarlo de su lepra (2 R. 5:3).

Josabet: Esta hija de rey y esposa de un sacerdote corrió a la cuna real, secuestró al príncipe, su sobrino, y lo escondió justo antes de que todos los demás príncipes fueran asesinados. Ella mantuvo a Joás a salvo y lo escondió hasta que su malvada abuela fue destronada y su reino volvió a él (2 Cr. 22:11).

El valor se encuentra en lugares absurdos.

J. R. R. Tolkien

Ester: La joven huérfana que se convirtió en reina de belleza, se arriesgó a la ira de su esposo y a la amenaza de muerte segura para salvar a su pueblo —la totalidad de la nación judía— de una completa y absoluta aniquilación (Est. 1—10).

Elisabet: Ella creyó a Dios y dio a luz un hijo al que llamó Juan —incluso cuando el resto de la familia protestó— porque así fue como Dios dijo que lo llamara. Después, ella pronunció las primeras palabras proféticas expresadas en el Nuevo Testamento, profetizando sobre María, su prima, declarando con audacia que el hijo que llevaba María en su vientre era el Mesías (Lc. 1:46).

María: Esta joven rindió todos sus propios planes, todas sus esperanzas y sueños, para convertirse en la madre de Jesús. Su vida quedaría por completo patas arriba. Su reputación se arruinaría. Sería el objeto de murmuración y rumores durante los siguientes años. Y cuando su Hijo inició su ministerio... cuando comenzó a sufrir, ella empezó a sufrir también de maneras que no podía ni haber imaginado. Aun así ella se rindió con gran humildad, con fuertes deseos, con plenitud y por completo a la voluntad de Dios (Lc. 1:38).

Las muchas mujeres nombradas y no nombradas: Se contaban entre los primeros discípulos de Jesús, viajaban a todos los lugares con Él como parte de un gran grupo de sus seguidores; las Escrituras dicen que ayudaron a sostenerlo a Él y a su ministerio con su propios recursos (Lc. 8:1-3).

La mujer con el flujo de sangre: Ella valientemente creyó que, aunque muchos doctores le habían fallado, Jesús podía ayudarla. Expresó su fe en que Él era el Mesías alcanzándolo para tocar el borde de su manto, y así recibió su poder sanador (Mr. 5:24-34).

La mujer pecadora que ungió los pies de Jesús: Ella se expuso a la burla, al ridículo y al rechazo al atreverse a entrar a la casa de un fariseo para expresar su amor por Jesús, derramando un costoso perfume para ungirlo, lavando sus pies con sus lágrimas (Lc. 7:36-50).

La mujer sirofenicia (griega): A su hija la poseía un demonio. Esta madre desesperada entró a una casa judía y se acercó a un maestro judío, decidida a obtener ayuda del único que ella sabía que podía dársela. Jesús la probó con una pregunta que podría haber hecho dudar a otros, pero su valiente respuesta reveló no solo su determinación, sino también su profundidad. Esta le consiguió la alabanza de Jesús y la sanidad de su hija (Mr. 7:24-30).

Las mujeres a los pies de la cruz: No huyeron. No se escondieron. Permanecieron con Jesús a lo largo de su agonía en la cruz, hora tras hora, sufriendo con Él, y después siendo testigos de su resurrección (Mt. 27:55; Mr. 15:41; Lc. 23:49).

Las mujeres mencionadas en todo el Nuevo Testamento: Estas mujeres abrieron sus casas y sus corazones al evangelio. Participaron activamente en el ministerio, arriesgándolo todo, dando todo para influenciar vidas para el reino de Dios.

Ellas fueron mujeres de todas diferentes razas, diferentes nacionalidades. Eran mujeres de distintas edades y etapas de la vida. Algunas estaban casadas, otras solteras. Algunas eran jóvenes, otras mayores; algunas ricas, otras pobres. Ninguna de ellas era perfecta. Todas cometían errores. Tenían sus momentos. Pero «sacaron fuerzas de debilidad» (He. 11:34, RVR-1960). Y a través de ellas la gloria de Dios se reveló.

Yo sola no puedo cambiar el mundo, pero puedo lanzar una piedra a través del agua y crear muchas ondas.

Madre Teresa de Calcuta

¿Y qué decir de todas las mujeres valientes en la historia de la humanidad? ¿Las mujeres audaces que hoy han marcado una diferencia en nuestro mundo? Miles y miles de ellas. Nombres que todas conoceríamos. Y nombres que ninguna de nosotras conoce. Mujeres que eligieron enfrentar su temor y conquistarlo o levantarse por encima de él. Mujeres que Dios usó de maneras sorprendentes para que lograran hazañas increíbles para Él.

Puedes unirte a ellas. Puedes ser una de esas mujeres, si quieres; si estás dispuesta, o si estás dispuesta a estar a la disposición de Dios.

Digo todo esto con toda confianza, porque al final no se trata de ti y tu valentía, o de ti y tu habilidad, de ti y tu poder, o de tu fuerza, o de tu determinación, o de tu nada... Se trata del Espíritu de Dios obrando en ti y a través de ti.

> Recuerden, amados hermanos, que pocos de ustedes eran sabios a los ojos del mundo o poderosos o ricos cuando Dios los llamó. En cambio, Dios eligió lo que el mundo considera ridículo para avergonzar a los que se creen sabios. Y escogió cosas que no tienen poder para avergonzar a los poderosos. Dios escogió lo despreciado por el mundo —lo que se considera como nada— y lo usó para convertir en nada lo que el mundo considera importante (1 Co. 1:26-28, NTV).

En 2 Corintios 4:7, Pablo explica: «Ahora tenemos esta luz que brilla en nuestro corazón, pero nosotros mismos somos como frágiles vasijas de barro que contienen este gran tesoro. Esto deja bien claro que nuestro gran poder proviene de Dios, no de nosotros mismos» (NTV).

Poco después de que Jesús ascendiera al cielo, Pedro y Juan se hallaban predicando en la ciudad de Jerusalén. Más de cinco mil hombres vinieron a la fe en Cristo como resultado, sin contar a las mujeres y a los niños. Los fariseos y otros líderes religiosos se disgustaron y llamaron a los dos hombres a comparecer ante ellos para interrogarlos. Me encanta el relato de Hechos 4:13:

> Los gobernantes, al ver la osadía con que hablaban Pedro y Juan, y al darse cuenta de que eran gente sin estudios ni preparación, quedaron asombrados y reconocieron que habían estado con Jesús.

¿Dónde encontramos la fuerza —el valor— para vivir sin temor? Al estar con Jesús. Al pasar el mayor tiempo posible en su presencia, permaneciendo cerca de Él.

Y eso es exactamente lo que, si lo permitimos, nuestro temor puede llevarnos a hacer. Puede ser un regalo increíble, una bendición inexplicable, cuando enfrentar nuestros temores nos obliga a confiar por completo en Él.

Estudio bíblico

1. Busca 2 Corintios 1:3-5. Hemos hablado de cómo nuestro temor puede causar que clamemos a Dios y cómo enfrentar nuestro temor puede ayudarnos a aprender y crecer. Según este pasaje, ¿qué otros beneficios nos traen nuestras pruebas y tribulaciones?

2. Elige una de las valientes mujeres de la Biblia mencionadas en este capítulo y lee su historia. Si tienes tiempo, usa una concordancia o las herramientas de estudio de un sitio como www. BibleGateway.com para encontrar cualquier otra referencia sobre ella en las Escrituras, cualquier información adicional. ¿Cómo era esta mujer no temerosa? ¿Qué encuentras que intriga más sobre ella? ¿Qué puedes aprender de ella?

3. Piensa en algunas otras mujeres cuyo valor te ha inspirado: mujeres en las Escrituras, mujeres en la historia, mujeres que conoces. Anota unos pocos nombres y por qué te inspira cada una o qué has aprendido de ella.

4. Piensa en las mujeres de tu propio círculo de influencia, mujeres que te observan, quizá incluso te admiren, mujeres de tu familia, de tu lugar de trabajo, de tu iglesia y de tu comunidad. ¿Qué clase de ejemplo eres ahora para ellas? ¿Qué les estás enseñando? ¿Qué podrías estar enseñándoles?

5. Lee el Salmo 139:1-18, 23-24. Subraya palabras y frases clave. Convierte en tu oración personal los versículos 23 y 24, mientras le vas pidiendo a Dios que te muestre áreas de tu corazón y de tu vida en las que Él quiere que crezcas.

6. Elige uno de los siguientes versículos (o uno de los mencionados previamente en el capítulo), memorízalo y medita en él durante la semana:

Josué 1:9	Tito 2:11-14
Lucas 21:19	Hebreos 12:1-2
2 Pedro 1:5-8	Apocalipsis 1:17-18

7. Anota en tu diario cualquier otro pensamiento o reflexión.

Epílogo

Tengo un sombrero. Es elegante y femenino
y me da una cierta dignidad, como si fuera
para asistir a un funeral de estado o algo así.
Algún día quizá reúna el valor suficiente para
usarlo, en lugar de llevarlo en la mano.

Erma Bombeck

Algún día...

Es un proceso, ¿verdad? Cada una de nosotras va en su propio viaje. Y caminamos a nuestro propio paso, porque todas estamos en diferentes edades y etapas. Tenemos nuestra personalidad y temperamento propios y únicos, venimos de diferentes trasfondos, hemos tenido distintas crianzas, y diversas experiencias de la vida. Todas tenemos nuestros propios retos que enfrentar, nuestros propios obstáculos que vencer, nuestras propias oportunidades de las que debemos aprender y crecer.

Santiago 1:2-4 nos dice: «Hermanos míos, considérense muy dichosos cuando tengan que enfrentarse con diversas pruebas, pues ya saben que la prueba de su fe produce constancia. Y la constancia debe llevar a feliz término la obra, para que sean perfectos e íntegros, sin que les falte nada».

Enfrentar el temor es definitivamente una prueba, una prueba de nuestra fe. Para la mayoría de nosotras es una batalla constante, o al menos continua. No es simplemente ganar y terminar.

En mi propia vida me he encontrado comparándolo con el juego Whac-A-Mole. ¿Lo recuerdas? Estás delante de un panel lleno de agujeros. De repente sale una criatura y tú le das con un mazo. Luego sale otra por un lugar diferente. Le das a esa, y otra salta. Ocurre una y otra vez. Tan pronto como le das a una, otra toma su lugar. Esa es la naturaleza del juego.

Podría llegar a ser muy desalentador. (Está bien, a veces ocurre así). ¿Por qué no podemos sencillamente vencer a esta cosa? ¿Por qué no podemos terminar con ella, de una vez y para siempre? Pero hay unos cuantos asuntos que necesitamos tener en mente:

1. Finalmente y por toda la eternidad, el juego ya está ganado. Jesús consiguió la victoria Él mismo en la cruz. Un día Él te llamará a su presencia gloriosa, a tu verdadera casa en el cielo con Él, un lugar tan hermoso que desafía toda descripción, tan hermoso que está más allá de la imaginación, un lugar donde no existe ningún temor, ningún dolor, ningún sufrimiento. De modo que no importa cuán derrotada te sientas en un día cualquiera, la victoria es tuya. Ya eres una ganadora. «Muy pronto el Dios de paz aplastará a Satanás bajo los pies de ustedes» (Ro. 16:20).

2. Hasta entonces, mientras vivas y respires en esta tierra, estás adentro del juego; te guste o no. Y, a diferencia del juego, en la vida real las «criaturas» que enfrentas no se quedan en su pequeña cabina. Si no las golpeas, saltan otra vez y apuntan a tu yugular. De modo que quedarse sin pelear no es una opción. Es mejor que tengas tu mazo a la mano.

3. Cuanto más ejercites tus destrezas, con más rapidez llegarás. Cuanto más fuerte te pones, mejor juegas. Por fin llegas a un lugar donde la mayoría de los días ni siquiera empiezas a sudar. Golpear y pegar a esas criaturas se convierte en una segunda naturaleza, un reflejo automático. No van muy lejos ya contigo. Y como un extra añadido, todo ese golpear con el mazo le da a tu princesa interior la clase de músculo espiritual —sin grasa, con brazos esculpidos— que volverían celosa a cualquier atleta o supermodelo.

4. Cuando el juego se termina, no obtienes solo un montón de tickets para canjear por baratijas en el mostrador de premios o una alta puntuación sin sentido. ¡Obtienes recompensas en el cielo! La Biblia no explica exactamente qué son esas recompensas, y es difícil para nosotros imaginarlas, pero por lo que sabemos del amor de Dios, lo que podemos ver de su creatividad, ingenuidad, cuidado y generosidad hacia nosotros, deben de ser increíbles. Jesús las mencionó repetidamente como algo que deberíamos esperar (ver Mt. 16:27; Ap. 22:12). Y mientras el «juego» sigue en proceso, cada batalla que libras, cada batalla que ganas, es una expresión de tu amor por Él, de tu confianza en Él, de tu obediencia a Él. Realmente es un dos por uno: das gloria a Dios y al diablo le dejas un ojo morado al mismo tiempo. También gozas el privilegio de ser un ejemplo, una inspiración, un ánimo, quizá incluso una mentora para otras jugadoras.

Así que no te rindas. No cedas. No importa cuánto tiempo lleve. Dondequiera que estés en tu viaje, sigue caminando hacia delante. Paso a paso, día tras día. Sigue aprendiendo, sigue creciendo. Sigue retándote a ti misma a salir de tu zona de seguridad. Atrévete a hacer cosas nuevas y diferentes con las que solo has soñado. ¡Cosas que nunca has soñado! Atrévete y sé valiente. Usa los hermosos sombreros en lugar de simplemente llevarlos en la mano, ¡o mirarlos con anhelo desde fuera del escaparate de la tienda!

Por supuesto que hay días en los que los hermosos sombreros son lo último que aparece en tu mente. Días oscuros, cuando tu viaje toma un giro inesperado. Días en que la carretera parece larga y el camino incierto. Necesitas todo el valor que tienes tan solo para poner un pie delante del otro. No te sientes segura de poder dar otro paso.

Lucas 24:13-35 nos relata una ocasión en que dos de los discípulos de Jesús se sintieron así. Estaban terriblemente confundidos, profundamente desanimados. Solos y temerosos. Su mundo se había hecho pedazos, todo lo que pensaban que conocían. Parecía como si Dios mismo les hubiera dado la espalda. Como si le hubiera dado la espalda a Jesús, dejándolo morir en la cruz. En lo que concernía a los discípulos, la situación no podría ser más desesperada, más desalentadora.

Cansados y apesadumbrados, se dirigían por el camino a Emaús. Un Extraño se les acercó y caminó junto a ellos. Antes de que se dieran cuenta, le estaban abriendo sus corazones, contándoles todos sus problemas.

Después le llegó al Extraño el turno de hablar. Los llevó hacia atrás en la historia que ellos le acababan de contar y la relató desde una perspectiva totalmente diferente. Él añadió toda clase de detalles que ellos no habían notado nunca, les habló de todos los hechos que ellos no habían visto y les explicó el significado de los hechos que sí habían visto. La Luz comenzaba a amanecer para ellos.

Al caer la noche, llegaron al pueblo donde los discípulos pensaban quedarse, y parecía que el Extraño los iba a dejar. Le rogaron que no se fuera sino que se quedara y que los acompañara a cenar. Al dar gracias y partir el pan, sus ojos fueron abiertos. Finalmente, podrían ver. Era Jesús mismo. Había estado con ellos todo el tiempo.

La experiencia de los discípulos en el camino a Emaús nos habla hoy muy poderosamente. Nos recuerda que, en nuestros más oscuros momentos, la ayuda vendrá. Jesús vendrá. Él caminará a nuestro lado. Nos consolará con su presencia. Abrirá nuestros ojos a su verdad y nos mostrará cosas que nunca hemos visto antes. Nos sacará de la oscuridad a su luz admirable.

¡Qué preciosa promesa! ¡Qué gloriosa esperanza!

> Por eso no temeremos (Sal. 46:2).

En palabras de San Agustín:

> *Dios de nuestra vida:*
>
> *Hay días en que las cargas que llevamos irritan nuestros hombros y nos abruman; cuando el camino se torna sombrío e interminable; los cielos, grises y amenazadores; cuando nuestra vida no tiene música en ella, y nuestro corazón se siente solo, y nuestra alma ha perdido su valentía.*

Inunda de luz el camino, te suplicamos; vuelve nuestros ojos hacia donde los cielos están llenos de promesas; sintoniza nuestro corazón con música valiente; crea en nosotros el sentimiento de compañerismo con los héroes y santos de todas las épocas; y así avives nuestro espíritu para que seamos capaces de animar a las almas de cuantos recorren con nosotros el camino de la vida, para tu honra y gloria.

Amén.

Preguntas que hacen las mujeres

¿Cuándo debería llamar a un consejero o terapeuta?

A veces necesitamos ayuda para enfrentar nuestros temores —más ayuda de la que nuestros amigos y familia estén dispuestos o en condiciones de darnos—. ¡A veces los temas son más complicados de lo que ni siquiera nos imaginamos! Nos puede ser de ayuda hablar con un profesional comprensivo, que tenga el tipo de trasfondo, educación, entrenamiento, experiencia y destreza para ayudarnos a vencer los obstáculos que evitan que encontremos nuestra esperanza y sanidad en Cristo.

Puede ser beneficioso para ti que busques ayuda profesional si algunas de las siguientes cuestiones son ciertas para ti:

- Si tus temores podrían describirse como severos, marcados, persistentes, irracionales, incontrolables o paralizantes. En otras palabras, si interfieren en tu habilidad para vivir una vida normal.

- Si estás experimentando ataques de pánico (ver p. 176)
- Si estás pasando por una transición importante en tu vida o has experimentado un trauma grave recientemente.
- Si sientes que experimentas cambios de humor, llanto incontrolable o arremetes contra otros con enojo.
- Si sientes que quizá quieras o necesites hablar con alguien, o si personas cercanas te han sugerido que lo hagas.
- Si te descubres a ti misma «automedicándote», usando la comida, el alcohol, las drogas, el sexo u otros comportamientos compulsivos para lidiar con el dolor emocional.
- Si tienes pensamientos suicidas o de querer morir.
- Si tu médico ha dicho que no hay explicación médica para tus síntomas.

¿Cómo encuentro un buen consejero?

Las Escrituras nos enseñan que es sabio buscar un buen consejo, que Dios ha capacitado a miembros del cuerpo de Cristo para exhortar, animar, aconsejar y recomendarnos unos a otros. Algunos usan sus talentos de manera informal; otros obtienen entrenamiento especializado, certificación, licenciaturas o grados académicos avanzados y escogen hacer de la ayuda a otros el llamado de su vida, su carrera y su profesión.

¡Lo primero que debes hacer es orar! Pídele a Dios que te guíe en cada paso del camino. Después pide sus recomendaciones a personas en quienes confías: tus amigos, tu familia, tu doctor, tu pastor. Pide tantas como puedas. Y haz tu trabajo. Consulta las páginas web en busca consejeros o terapeutas potenciales. Comprueba su cualificación, sus años de experiencia y áreas de especialización. En la mayoría de los casos, querrás buscar un consejero cristiano. Pero no todo el que reclama ser cristiano lo es, y no todo consejero cristiano basa su práctica de consejería en principios bíblicos.

Aquí te dejo algunas de las preguntas que puedes considerar hacer a un posible consejero:

- ¿Cuál es su enfoque general de la consejería?
- ¿Cómo integra las verdades bíblicas en la consejería?
- ¿Participa en una iglesia? ¿En cuál, y cuál es su función en ella?
- ¿Qué lugar ocupa la oración en la dinámica con la que aconseja? ¿Ora con sus pacientes?[1]

También puedes encontrar referencias a través de la American Association of Christian Counselors[2] y la National Christian Counselors Association[3]. Enfoque a la Familia tiene una línea telefónica gratuita para consejería. Asimismo puedes conectarte con un consejero cristiano con referencias en tu área.[4]

Algunas iglesias tienen consejeros profesionales como personal o ministerios de consejería con «consejeros laicos»: miembros de la congregación que son creyentes maduros y han cursado un programa bíblico exhaustivo de consejería. La mayoría de los pastores también ofrecen consejería, y la consejería pastoral es por lo general gratuita. Un factor que debes tener en cuenta: hay muchos pastores piadosos y maravillosos que tienen mucha sabiduría, mucha experiencia en el ministerio. Tienen un corazón para la gente herida, un corazón de consejero, y también un talento real para ello, a lo cual muchos de ellos añaden entrenamiento especial que les ha posibilitado ser aún más eficaces en ayudar a otros. Pero algunos pastores... no lo tienen.

Así que, repito, cuando sea posible es mejor obtener una recomendación personal de alguien en quien confías. Y si el primer consejero que ves no es tan útil como esperabas, no te desanimes. Intenta otra vez. Tu sanidad —tu libertad— ¡merece que pelees por ella!

Para más información, puedes ver:

1. Pastor David Martin, «Choosing a Christian Counselor» (solo en inglés), http://www.cbn.com/spirituallife/prayerandcounseling/choosing_a_christian_counselor.aspx.
2. American Association of Christian Counselors (solo en inglés), www.aacc.net/resources/find-a-conunselor/.
3. National Christian Counselors Association (solo en inglés), http://www.ncca.org/Directory/search.aspx.
4. Enfoque a la Familia, «Consejería», http://www.enfoquealafamilia.com/default.aspx?cat=112.

¿Qué decir de los medicamentos contra la ansiedad?

Muchos cristianos tienen serias reservas en cuanto a tomar medicamentos para tratar la ansiedad. Si el problema es en esencia espiritual, entonces, ¿no debería ser tratado desde una perspectiva espiritual y con una base espiritual? Otros creen que como quizá haya causas físicas o al menos síntomas físicos que coinciden con los asuntos espirituales, los medicamentos pueden ser una herramienta eficaz, hasta un salvavidas.

Ya que las Escrituras no dicen «Harás esto» o «No harás aquello», yo creo que cada una de nosotras debe considerar en oración hacia qué decisión cree que Dios la está guiando.

Esto es lo que nos dicen los profesionales de la salud:

1. Los ansiolíticos (incluidos medicamentos para dormir y relajantes musculares) pueden proporcionar alivio temporal para personas que sufren ansiedad aguda. Fíjate en las palabras «pueden» y «temporal». Estos medicamentos no son una cura milagrosa; no funcionan para todo el mundo. En algunas personas, en realidad, tienen el efecto contrario. E incluso, cuando los medicamentos funcionan, no hacen nada para tratar la causa fundamental. Tan pronto como la persona deja de tomar las píldoras, la ansiedad retorna.

2. No es seguro permanecer con medicamentos ansiolíticos durante un período prolongado de tiempo, por todos los potenciales efectos secundarios y riesgos para la salud a largo plazo. Además, la mayoría de los medicamentos forman hábito (son adictivos). Pueden ser mortales cuando se toman en combinación con el alcohol y algunos otros medicamentos con receta.

3. Los fármacos ansiolíticos son más eficaces cuando se

toman durante un corto período de tiempo bajo supervisión médica cercana y en conjunto con consejería y terapia. En su mejor uso funcionan como las rueditas de aprender a montar en bicicleta. Te ofrecen un poco de estabilidad para que puedas subirte y empezar a pedalear de nuevo. Solo debes saber esto: tarde o temprano, tienes que estar lista para montar por tu cuenta.

Entonces, ¿está bien que tomes ansiolíticos? ¿Estás preparada para correr el riesgo de los potenciales efectos secundarios? ¿Tienes un plan en mente para obtener la ayuda espiritual y el apoyo que también necesitas? ¿Has orado por tu decisión? ¿Has hablado con tu familia? ¿Con tu doctor?

Si decides seguir delante, asegúrate también de que tu doctor tenga en mente un plan claro: qué medicamento prescribirá y durante cuánto tiempo. Mantén un diario en el que anotes cuidadosamente tu medicamento, la dosis, efectos secundarios y síntomas.

Y continúa mirando a Jesús. Al final, toda nuestra ayuda, nuestra esperanza, nuestra sanidad vienen de Él.

¿Cómo sé si estoy en medio de un ataque de pánico, y qué puedo hacer?

Cada año millones de mujeres sufren ataques de pánico provocados por el miedo, la ansiedad, el estrés, el dolor o la pérdida. Parecemos ser particularmente frágiles durante transiciones importantes de la vida: graduación de la universidad y entrada al mundo laboral, casarse, tener un bebé, mudarse de casa, perder un trabajo, atravesar un divorcio, tratar una enfermedad importante, sufrir el síndrome del nido vacío o pasar a ser cuidadoras a tiempo completo, o perder a un ser querido.

Un ataque de pánico puede sobrevenir en cualquier momento, en cualquier lugar. Puede ser un acontecimiento único o una experiencia recurrente. Puede tener o no un desencadenante evidente. En otras palabras, puede ocurrir cuando estás haciendo algo muy estresante —algo que te aterra— o cuando estás pensando en cosas que te preocupan o te asustan. Pero también parece que llega de la nada.

Estos son los síntomas más comunes:

- hiperventilación, falta de aliento, asfixia
- palpitaciones del corazón, taquicardia
- dolor agudo en el pecho
- temblor, sacudidas
- entumecimiento u hormigueo
- náuseas o molestias en el estómago
- mareo, delirios, sensación de desmayo
- rubor, sudoración o escalofríos
- sensación de lejanía o separación del entorno
- temor a morir, miedo a perder el control, miedo a volverse loca

Muchos de estos síntomas son similares a los de un ataque al corazón, razón por la cual los ataques de pánico suelen ser aterradores.

¿Es un ataque de pánico o un ataque al corazón?

Ataque de pánico	Ataque al corazón
Siempre repentino, intenso, dramático	En general, pesado, gradual, ocurre lentamente
El dolor del pecho es agudo, localizado en el corazón, viene y se va con la respiración, dura de 10 a 15 minutos	El dolor del pecho es sordo, como un peso pesado asentado en el pecho. Puede irradiarse al brazo izquierdo, al cuello, a la mandíbula, a la espalda baja, pero no desaparece
Náuseas, pero raramente vómito	El vómito es común, a menudo varias veces
Hiperventilación (el síntoma físico clave del ataque de pánico que provoca todos los demás)	Puede incluir falta de aliento (tirantez en el pecho, dificultad al respirar profundamente), ¡pero la hiperventilación solo ocurre si el ataque al corazón desencadena un ataque de pánico!
Hormigueo por todo el cuerpo	Hormigueo en el brazo izquierdo
En general, más intenso a los 10 minutos; raras veces dura más de 30 minutos	Dura más de 10 minutos; los síntomas no desaparecen
	MUJERES: a menudo experimentan una aparición dramática de fatiga inusual o agotamiento

La American Heart Association advierte que, en muchas mujeres, la enfermedad del corazón pasa desapercibida sin que se les diagnostique, e incluso algunas que han sufrido ataques al corazón son diagnosticadas erradamente como ataques de pánico y enviadas a casa de la sala de emergencias sin la atención médica que necesitan. Al parecer, nuestros síntomas a menudo son más leves y más difíciles de reconocer, y las pruebas de rutina no son tan fiables para las mujeres como lo son para los hombres.

Así que sé tu propia defensora. Encuentra un doctor en el que puedas confiar y asegúrate de que no tienes problemas de salud sin diagnosticar que estén causando tus síntomas. Ten en mente que algunos medicamentos tienen efectos secundarios que pueden mimetizar o incluso desencadenar ataques de pánico, incluidos los medicamentos contra el catarro, píldoras para pérdida de peso y suplementos naturales para la salud. Muchas incluyen cafeína que, en dosis altas, puede por sí misma causar ansiedad, agitación, desasosiego, náusea, palpitaciones del corazón, falta de aliento y dolor en el pecho.

Cuando tengas un ataque de pánico...

Recuerda estas tres advertencias:

1. Ten presente lo siguiente: Tan pronto como reconozcas lo que está pasando, recuérdate a ti misma: «No voy a morir. No me estoy volviendo loca. Esta sensación no durará. Se irá en unos minutos. Puedo soportarlo. Puedo superarlo. Puedo hacerlo». Aún mejor, en tu corazón repite una simple palabra o frase de las Escrituras, como «paz». O «calla, enmudece» (¡como Jesús les ordenó al viento y a las olas!). O invoca el nombre de Jesús.

2. Respira profundamente: Toma control de tu respiración.

Inspira y exhala, despacio, contando hasta cinco. Respira por la nariz, después sopla por la boca. Una y otra vez. Disminuye el ritmo de tu respiración, disminuye tu ritmo cardíaco. Al respirar más despacio, intenta contar un poco más hasta ocho o diez segundos.

3. Quédate quieta: Toda la adrenalina que circula por tu cuerpo, esa respuesta de «huida o pelea» al miedo, puede hacer que tus músculos se tensen y ocasionar que tu cuerpo tiemble. Intenta relajar tu cuerpo y quedarte quieta. De manera consciente relaja tu cuello y tus hombros, afloja la mandíbula y los puños. Flexiona pies y manos. Continúa haciendo respiraciones profundas. Si te sientes mareada, pon tu cabeza entre las rodillas o apóyala despacio sobre una mesa. Cierra tus ojos y respira. Espera a que la sensación pase. Sabes que pasará, y más pronto de lo que piensas.

Eso pasa de verdad. No existen medicamentos especiales o tratamientos para los ataques de pánico. Son un síntoma físico de lo que es, en esencia, un asunto mental, emocional o espiritual. Algo está pasando en ti que no puedes manejar, y tu cuerpo te está diciendo, te está gritando ¡que necesitas pedir ayuda!

Si sabes lo que desencadenó el ataque de pánico, escríbelo en una nota o en tu diario. Ora por ello. Habla con un miembro de la familia o un amigo de confianza. Busca un consejero cristiano cualificado (ver p. 172).

Si tus síntomas son severos, si están interfiriendo en tu habilidad para funcionar, pregúntale a tu doctor si sería apropiado tomar ansiolíticos durante un corto período de tiempo, mientras trabajas lo necesario para comenzar la consejería, por ejemplo (ver p. 174).

Y come saludablemente. Haz ejercicio. Descansa. Muchas mujeres han descubierto que cuidar mejor de su salud física ejerce una influencia enorme en su salud mental, su bienestar emocional y espiritual. ¡Honra a Dios cuidando su templo!

Como creyentes, reconocemos que enfrentar el temor es también (y en algunos casos por completo) una batalla espiritual. Estamos bajo ataque y tenemos que pelear con *todos* los recursos que Dios nos ha dado. Además de las estrategias mencionadas en los párrafos anteriores, usa las estrategias y armas que hemos discutido en profundidad en el capítulo 6. Aprende a llevar todo pensamiento cautivo (2 Co. 10:5), a guardar tu corazón y tu mente (Fil. 4:6-8), a crear tú misma una atmósfera de paz, de alabanza y adoración, y de acción de gracias. Prepárate para la batalla, y ya habrás ganado aun antes de que comience.

Ten ánimo: muchas de tus hermanas en Cristo han encontrado libertad del temor y, específicamente, libertad de los ataques de pánico. Otras han aprendido a tomárselo con calma y usarlos como oportunidades para apoyarse más de cerca en Jesús, ¡y se aferran a Él por su vida!

El apóstol Pablo describe su experiencia con un reto continuo que llamó un «aguijón en la carne»:

> Tres veces le rogué al Señor que me la quitara; pero él me dijo: «Te basta con mi gracia, pues mi poder se perfecciona en la debilidad». Por lo tanto, gustosamente haré más bien alarde de mis debilidades, para que permanezca

> sobre mí el poder de Cristo. Por eso me regocijo en debilidades, insultos, privaciones, persecuciones y dificultades que sufro por Cristo; porque cuando soy débil, entonces soy fuerte (2 Co. 12:8-10).

Si eres testigo de un ataque de pánico de una amiga o un miembro de tu familia...

Usa la información que has aprendido aquí para ayudarlos. Y ten en cuenta algunas acciones importantes que debes o no hacer:

SÍ. Mantén contacto visual, aprieta su mano o su hombro y reafírmale con palabras o frases reconfortantes como: «Está bien, vas a estar bien. Vamos a hacer una respiración profunda juntas».

NO digas, o que no suene a que estás exhortando o reclamando: «No tienes nada qué temer. Deja de tener pánico. No pasa nada. Todo está en tu mente».

SÍ. Ora y cita las Escrituras en tu corazón mientras la ministras, pero di las palabras en voz alta solo si estás segura de que eso será una bendición para ella.

NO le prediques, no la critiques por tener miedo ni la condenes por su falta de fe. No afirmes saber cuál es su problema, ¡y lo que necesita hacer al respecto!

SÍ. Quédate con ella. Cuando esté lista, ofrécele un trago de agua, pañuelos o una compresa fría. Acompáñala al baño y quédate cerca por si acaso se marea. Asegúrate de que vuelve a salvo al sofá o a la silla.

NO le digas que la vas a dejar sola para que se mejore. ¡Nadie quiere estar sola cuando tiene miedo!

SÍ. Pregúntale si había experimentado algo así antes o si tiene algún problema de salud que pudiera ser un factor contribuyente. Si es la primera vez, pídele que considere ir al hospital o a urgencias, por si acaso. Y, como mínimo, anímala a que consulte a su doctor cuanto antes.

Una rápida búsqueda en la Internet proporcionará cientos de páginas que ofrecen esta misma información y consejos. Dos sitios amplios y con buenas referencias son: la American Heart Association (www.heart.org, puedes seleccionar «Languages» y elegir «Spanish» para leer la información en español) y www.WebMD.com (solo en inglés).

¿Cuáles son algunos versículos clave que puedo memorizar?

Hay innumerables Escrituras que nos retan a enfrentar nuestros temores con fe, a confiar en Dios y en el amor que Él nos tiene. Meditar en estas Escrituras (realmente reflexionando en su significado y aplicándolas a nuestra vida), al igual que memorizarlas, nos puede ayudar no solo a enfrentar nuestros temores, sino también a vencerlos. Lo ideal es que escojas los versículos que al parecer te hablan de forma más poderosa y personal.

Aquí te dejo algunos para comenzar:

> «La paz les dejo; mi paz les doy. Yo no se la dejo a ustedes como la da el mundo. No se angustien ni se acobarden» (Jn. 14:27).

«Depositen en él toda ansiedad, porque él cuida de ustedes» (1 P. 5:7).

«No se inquieten por nada; más bien, en toda ocasión, con oración y ruego, presenten sus peticiones a Dios y denle gracias. Y la paz de Dios, que sobrepasa todo entendimiento, cuidará sus corazones y sus pensamientos en Cristo Jesús» (Fil. 4:6-7).

«Porque no nos ha dado Dios espíritu de cobardía, sino de poder, de amor y de dominio propio» (2 Ti. 1:7, RVR-1960).

«¡Tú guardarás en perfecta paz a todos los que confían en ti; a todos los que concentran en ti sus pensamientos!» (Is. 26:3, NTV).

«Cuando siento miedo, pongo en ti mi confianza» (Sal. 56:3).

«El ángel del Señor acampa en torno a los que le temen; a su lado está para librarlos» (Sal. 34:7).

«Sean fuertes y valientes. No teman ni se asusten ante esas naciones, pues el SEÑOR su Dios siempre los acompañará; nunca los dejará ni los abandonará» (Dt. 31:6).

> «El Señor es mi luz y mi salvación; ¿a quién temeré? El Señor es el baluarte de mi vida; ¿quién podrá amedrentarme?» (Sal. 27:1).

> «Muy pronto el Dios de paz aplastará a Satanás bajo los pies de ustedes» (Ro. 16:20).

¿Cómo puedo ayudar a mis hijos o nietos temerosos?

Una cosa es batallar con el temor una misma y otra ver a los hijos lidiar con él. Nuestros corazones se vuelcan con ellos. Sabemos cuán duro es; y nos sentimos indefensas. Muchos padres y abuelos han buscado maneras de ayudar a sus hijos. Una búsqueda rápida en la Internet mostrará cientos de artículos y páginas web llenas de ideas y sugerencias prácticas.

Aquí te dejo unas bases:

Ora. Y también ora. Y luego ora un poco más. ¡De verdad! Pídele a Dios sabiduría cada día, con cada pequeño incidente o asunto que surja. Cada niño es diferente; cada situación es distinta. Requiere mucha sabiduría saber qué hacer y qué no hacer, qué decir y qué no decir. Encontrar el equilibrio entre consolar a un niño y retarlo a aprender y crecer. ¡Gracias a Dios por su promesa de darnos toda la sabiduría que necesitamos si se la pedimos (Stg. 1:5)!

Aprende a enfrentar tus propios temores y guía con el ejemplo. Enséñales a tus hijos los mismos principios, las mismas Escrituras, las mismas estrategias que te están ayudando a ti. Solo adáptalas un poco; usa ejemplos e ilustraciones que sean apropiadas para su edad.

Y ten en mente las siguientes acciones que debes o no hacer:

SÍ. Reconoce que el miedo de tu hijo (el sentimiento) es real, aunque no haya peligro. Consuela y reafirma.

NO minimices sus temores, ni los ridiculices ni hables abiertamente de ellos delante de otros.

SÍ. Haz preguntas para ver si puedes descubrir de dónde viene el temor y de qué se trata en realidad. ¿Han oído algo en la escuela? ¿Han visto algo en la televisión? A menudo hay más asuntos.

NO les hagas cerrarse con frases como estas: «¡No quiero oír más de esta tontería! ¡Deja de ser un tonto!».

SÍ. Escucha con atención. Tómate en serio los temores de tu hijo. Algunos niños tienen buenos motivos para estar asustados. Quizá estén intentando decirte algo.

NO reacciones en exceso. No te pongas histérica o con pánico, o saques las cosas de quicio. Alguien necesita ser el adulto, ¡y al menos *parecer* que está calmado y en control!

SÍ. Da pasos prácticos y razonables para ayudar a tus hijos a sentirse seguros. Por ejemplo, puedes darles una luz nocturna o una linterna al acostarse. Déjalos llevar un peluche amigo a la cita con el doctor o una foto familiar y una lista de contactos de emergencia cuando estén fuera de casa. Cosas sencillas que les den paz mental.

NO supongas que ellos simplemente se sobrepondrán a sus temores (aunque algunos sí lo harán). No dudes en buscar ayuda profesional si sus temores parecen extremos, prolongados o paralizantes, o si coinciden con una transición importante o un trauma, como el divorcio de los padres o un nuevo matrimonio, la muerte de un ser querido, una enfermedad crónica o ser víctima de un crimen, tragedia o acoso.

Otros consejos útiles:

Aprovecha los momentos especiales para enseñar. Explica las cosas que puedas. ¿Por qué no aprenden juntos sobre perros, o ranas, o arañas, o lo que sea que atemorice a tus hijos? En cualquier momento que no sea el del baño, utiliza juguetes de diferentes tamaños para explicarles qué cosas sí, y que cosas no, pueden irse por el desagüe. La sección de niños de la biblioteca local tendrá muchos libros y videos especialmente creados para ayudar a los niños a enfrentar sus miedos. ¡Revísalos!

Busca oportunidades para fortalecer la confianza de tus hijos. Dales un sentido de misión cumplida e inspira un espíritu de aventura. Involúcralos en juegos, deportes, actividades, manualidades y otras ocupaciones en las que estén interesados, tareas que hagan bien.

Intenta encontrar el equilibrio. No tienes que someter a los niños a situaciones de miedo, intimidarlos a fin de que asuman un reto para el que no están listos para manejar. Pero, por otro lado, no quieres que se pierdan la oportunidad de aprender cómo enfrentar sus temores y vencerlos. ¡Es una destreza importante para la vida! Si estás demasiado ansiosa por librarlos de culpa, sin querer, puedes transmitir que: 1) Realmente hay algo que temer (cuando no lo hay) y 2) No crees que ellos puedan manejarlo (los ves como frágiles, incapaces e inferiores, que es como ellos llegarán a verse a sí mismos).

Para niños que sufren colapsos —ataques de pánico infantil—, enséñales a detenerse y a pensar sobre lo que les está ocurriendo. Pídeles que calculen el nivel de su temor en una escala del 1 al 10 (o para niños pequeños, cuán «lleno» de miedo se siente, «hasta mis rodillas»... «hasta la tripita»).

Practica respirar con ellos, despacio, hacia dentro y hacia fuera contando hasta cinco. Recuérdales que los sentimientos son señales importantes, nos dicen algo que está pasando dentro. Pero no siempre nos dicen la verdad. Necesitamos pensar con cuidado antes de decidir creerles.

Trampas que los padres cristianos deben evitar:

Hacer que parezca que orar hace que los problemas se vayan. Decir a los niños que si están asustados solo deben orar, y que eso hará que el sentimiento desaparezca. ¿De verdad? ¿Es eso lo que funciona para ti? (¿Por qué estás leyendo este libro?) ¡Por supuesto que orar ayuda! Pero no es lo único que debemos o podemos hacer.

Ser demasiado auténticos con nuestros niños. Está bien admitir que a veces también estamos asustados. Podemos necesitar ser veraces sobre las situaciones difíciles que enfrentamos. Pero no necesitamos confiarles todos nuestros más profundos y oscuros temores con todos los detalles a nuestros «asombrosamente maduros niños». Hay algunas cargas que ellos realmente no deberían llevar, sin importar cuán maduros sean.

Prometer que nunca dejaremos que nada malo ocurra o que Dios no dejará nunca que nada malo les ocurra. Esa no es una promesa que puedas cumplir. Tus hijos necesitan ser capaces de confiar en ti y en Dios. Así que diles la verdad: la mayoría de las cosas que tememos nunca nos ocurrirán. Mami y papi nos cuidan. Y, más importante, Dios nos cuida. Nos protege de toda clase de cosas, todo el tiempo, aun cuando no nos damos cuenta. Pero a veces ocurren cosas malas. A veces, por razones que no comprendemos por completo, Dios permite que ocurran cosas malas. Pero Él promete que siempre estará con nosotros; nunca nos dejará ni nos abandonará. Él nos ayudará y tiene una manera de sacar lo bueno de las peores cosas que nos ocurren. Un día estaremos con Él en nuestra casa eterna en el cielo, donde no hay temor, ni dolor, ni sufrimiento. ¡Solo amor, paz, gozo y risas! Eso es lo que anhelamos y esperamos.

Música para niños pequeños

Yo fui maestra de preescolar y primaria, y, cuando enseñaba en escuelas cristianas, me encantaba poner suavemente, de fondo, música de alabanza y adoración durante todo el día. Convertía mi clase en un lugar agradable, feliz y seguro. ¡Tenía un efecto calmante en mis alumnos! Con frecuencia oía a los niños cantar las letras de las canciones en los pasillos o en el parque, aunque nunca habíamos hecho un esfuerzo consciente por aprenderlas. ¡A menudo también me sorprendía a mí misma cantándolas!

El tiempo de juegos, de la siesta, el tiempo en el auto, por la noche: estos son buenos momentos para fortalecer nuestros corazones y nutrir nuestros espíritus con la verdad de la Palabra de Dios.

Aquí te dejo algunos de mis favoritos para niños pequeños. (Todos estos álbumes están disponibles en iTunes y fuentes de la Internet).

16 melodías bíblicas para niños, de Steve Green

Kids of the Kingdom y *Follow the Leader,* de Annie Herring

The Donut Man—Songs That Teach, Songs That Praise Series, de Rob Evans

The Praise Baby Collection, de Contemporary praise & worship sung by kids for kids

Sleep Sound in Jesus: Gentle Lullabies For Baby, de Michael Card

Bedtime Prayers: Lullabies and Peaceful Worship, de Twila Paris

Si tienes hijos mayores, anímalos a crear sus propias listas de reproducción, canciones que les traigan paz, canciones que les llenen de gozo, ¡canciones que los ayudan a ser fuertes en el Señor!

¿Y si mi hijo es tímido?

¡Yo me identifico! Como ya he compartido, este era uno de mis temores paralizantes cuando era niña. Se han escrito libros enteros sobre cómo ayudar a los niños a vencer la timidez, el temor al rechazo y la ansiedad producida por querer encajar bien. Permíteme compartir algunos pensamientos.

Es importante recordar que ser una persona más callada, más pensativa (introspectiva y reflexiva) —al contrario de ser un dicharachero, «el alma de la fiesta», extrovertido— ¡no es en sí mismo un «problema»! Es un temperamento dado por Dios, con sus propias fortalezas y debilidades. Y a veces «ser tímido», lento para romper el hielo y aceptar a completos extraños ¡es simplemente sentido común!

Ser tímido es un problema cuando te priva de ser capaz de funcionar en el mundo en que vivimos, cuando somos incapaces de interactuar con las personas que conocemos a diario de una manera normal y saludable.

A menudo, en la raíz del comportamiento que consideramos «tímido» está el temor a ser puesto en evidencia o humillado, el temor a no saber qué decir. Nos damos cuenta de que si nos expresamos de manera extraña, nos arriesgamos a que se burlen de nosotras, o a que nos ridiculicen, critiquen o malentiendan. Podrían rechazarnos. Quizá ya nos lo hayan hecho.

Muchos niños tímidos simplemente necesitan ayuda para descubrir cómo acercarse a otros, cómo empezar una conversación y seguirla, de qué cosas hablar. Esto es algo que puedes enseñarles, algo que puedes modelar, algo que juntos pueden practicar. Haz un poco de juego de roles en el automóvil de camino a la escuela, a una fiesta de cumpleaños o a pasar una noche fuera. Anima a tus hijos a practicar sus destrezas para socializar al quedarse a jugar con un amigo, en clases de kárate o ballet, en la escuela dominical o con otros miembros de la familia en actividades en grupo o proyectos voluntarios.

Cuando yo era adolescente, mis padres constantemente me recordaban que los niños populares no eran tan seguros de sí mismos y no tenían tanta confianza como parecía, y que en lo más íntimo, todo el mundo tiene problemas. La mayoría de las personas está demasiado enfocada en sus propios asuntos como para interesarse o ni siquiera darse cuenta de los tuyos. Mis padres decían que si yo miraba, encontraría otras chicas que estaban solas, otras chicas que necesitaban una amiga. ¿Qué pasaría si yo decidía ser esa amiga? ¿Qué pasaría si yo alcanzaba a otros, en lugar de esperar a que ellos se acercaran a mí? Mi padre me enseñó que a la mayoría de las personas les gusta hablar de sí mismas y que si tú preguntas y escuchas de verdad, si demuestras que te importan, haces amigos. Un día lo intenté, y me sorprendí, ¡funcionó! Más adelante, incluso tuve el valor de acercarme a algunas de la chicas y chicos populares e intentarlo con ellos. ¿Y adivina qué? ¡También funcionó! Llámalo una revelación.

Cuando nos concentramos en ser amables, amorosas y compasivas con los demás, nos olvidamos de nosotras mismas, de una manera saludable. Nos olvidamos de estar cohibidas. No nos mantenemos tan concentradas en nosotras mismas, tan absortas en nosotras mismas. Y nos convertimos en nuestra mejor versión, en nuestro verdadero yo (Ef. 4:23-24). Para todas nosotras, es un proceso, un viaje de por vida.

Recursos recomendados

¡Enfrentar el temor es un gran reto para muchas de nosotras! La buena noticia es que no estamos solas. Y existen literalmente cientos de libros y estudios bíblicos, en CD y DVD, talleres, páginas web e incluso aplicaciones para teléfonos inteligentes que pueden darnos conocimiento en casi cada aspecto de cómo enfrentar el temor, desde cada perspectiva imaginable. Además de los recursos que he mencionado en el texto y en las notas, he incluido algunos otros que personalmente te recomiendo aquí. Puedes ir también al blog WhatWomenShouldKnow.org para recursos adicionales según voy encontrándolos, ¡o a medida que lectoras como tú me los van recomendando!

Lecturas adicionales

Pies de cierva en los lugares altos, de Hannah Hurnard (Editorial Clie, 2010).

Se trata de uno de los clásicos más conocidos y más apreciados sobre el tema de enfrentar el temor y encontrar la victoria.

Esta hermosa alegoría ha consolado e infundido fuerza a millones de creyentes por generaciones. No te pierdas el testimonio personal de la autora al final, o la serie menos conocida *Corre como gacela sobre los montes* (Editorial Vida, diciembre 2009).

Manantiales en el desierto, de L. B. Cowman, (Editorial Vida, 1998).

Otro apreciado clásico cristiano, este devocional diario está lleno de inspiración, consuelo, valor y fuerza para aquellos que atraviesan tiempos difíciles.

¡Atrévete, sé valiente! Haz tuya la aventura de Dios para tu vida, de Pam Farrel (Casa Bautista de Publicaciones, 2013).

Hemos estado aprendiendo a enfrentar nuestros temores. Pam Farrel nos reta a dar los siguientes pasos: confiar en Dios y abrazar su aventura, avanzar en la vida con atrevimiento y osadía, y lograr los sueños que Él nos ha dado. «Enséñame el tamaño de tu Dios y yo te enseñaré el tamaño de tu confianza», reta Farrel. «Gran Dios, gran confianza. Gran Dios, gran valor. ¡Gran Dios, gran valentía!».

Live a Praying Life! de Jennifer Kennedy Dean (New Hope, 2011)

A veces hemos tenido miedo a confiar en Dios porque no estamos seguras de que Él escuche nuestras oraciones, no estamos seguras de que Él las responda, o cómo o por qué las contesta. No estamos ni siquiera seguras de saber la forma «correcta» de orar. Jennifer contesta todas estas preguntas y otras de manera absolutamente bíblica, absolutamente práctica y verdaderamente reveladora, incluso transformadora.

Miracle on Hope Hill And Other True Stories of God's Love, de Carol Kent y Jennie Afman Dimkoff (Howard Books, 2011).

Nutre tu fe con esta colección inspiradora de historias reales del amor y consuelo de Dios, su sabiduría y guía, su sanidad e intervención en la vida de personas comunes como tú y como yo. (Solo en inglés).

Don't Waste the Pain: Learning to Grow Through Suffering, de David Lyons y Linda Lyons Richardson (NavPress, 2010).

Los hermanos David y Linda comparten de una forma muy real y franca lo que Dios les ha enseñado a través de sus batallas con la enfermedad a la que muchos de nosotros tememos: el cáncer. En el caso de David, el cáncer agresivo que se llevó la vida de su hijo pequeño, y en el de Linda, la batalla de trece años contra el cáncer de ovarios. Como lo describe la portada del libro: «¡Dolor agudo, paz abundante!». (Solo en inglés).

The God of All Comfort: Finding Your Way into His Arms, de Dee Brestin (Zondervan, 2009).

Es un libro para aquellas de nosotras que sufren por la pérdida de un ser querido y temen que el dolor nunca pasará, que no lo sobreviviremos. Dee Brestin comparte su propia historia, así como innumerables salmos e himnos que nos hablan del Dios que es nuestro consuelo y fortaleza. (Solo en inglés).

No More Christian Nice Girl: When Just Being Nice—Instead of Good—Hurts You, Your Family, and Your Friends, de Paul Coughlin y Jennifer D. Degler (Bethany House, 2010).

Nuestro temor —el temor al rechazo, el temor a la crítica, el temor al riesgo, el temor a la pérdida— puede tenernos atadas, intentando con tanta fuerza ser «agradables» ¡que nos impide decir no a cosas que no queremos hacer y sí a las cosas que sí queremos hacer! Aprender cómo ser buena (piadosa, semejante a Cristo) es mucho mejor que ser agradable. (Solo en inglés).

The Emotionally Destructive Relationship: Seeing It, Stopping It, Surviving It, de Leslie Vernick (Multnomah/Waterbrook, 2013).

Las mujeres que están en una relación en la que son maltratadas tienen motivos para estar asustadas. Ese temor es una advertencia de que necesitamos obtener ayuda, y (a menudo) ponernos a nosotras mismas y a nuestros hijos lejos del peligro. La consejera cristiana Leslie Vernick ofrece consejo práctico, basado en la Biblia, para quienes están en relaciones difíciles, ayudándonos a reconocer comportamientos opresivos (que buscan controlar, castigar y herir), fijar límites apropiados, determinar cuándo seguir intentándolo y cuándo cambiar nuestro enfoque, cómo ponerse a salvo y mantenernos seguras, y encontrar esperanza y sanidad al reconstruir nuestra identidad en Cristo. (Solo en inglés).

El refugio secreto, de Corrie Ten Boom con John y Elizabeth Cerril (Editorial Vida, 1999).
A Chance to Die: The Life and Legacy of Amy Carmichael, de Elisabeth Elliot (Revell, 1987).

Corrie Ten Boom fue una mujer holandesa que refugió a judíos perseguidos por el régimen nazi. Ella sobrevivió a los horrores de los campos de concentración, y viajó por todo el mundo predicando el evangelio y el poder del perdón. Amy Carmichael derramó su vida en el campo misionero en la

India, rescatando huérfanas y niños abandonados de la esclavitud y la prostitución. Las historias de estas dos mujeres valientes ¡no podrán sino inspirarte!

Persuasión, de Jane Austen (1817).
La pimpinela escarlata, de la Baronesa Orczy (1905).
The Blue Castle, de L. M. Montgomery (1926).

Solo por diversión, tienes aquí tres de mis clásicas novelas favoritas de todos los tiempos protagonizadas por mujeres que, de forma repentina, deciden NO vivir sus vidas en temor (a las opiniones de otros, a un futuro incierto, o a una muerte cierta), ¡y descubren un valor y una fuerza que no sabían que poseían!

Para escuchar

La Biblia

Existen muchas versiones diferentes de las Escrituras en audio y disponibles en una variedad de traducciones y formatos (mp3, CD, DVD). Puedes elegir la Biblia entera, el Antiguo Testamento, el Nuevo Testamento, solo un libro en particular, o incluso una selección de lecturas bíblicas devocionales. Intenta escuchar algunos en línea o en tu librería cristiana, para ver si prefieres una versión dramatizada (con pasajes interpretados por diferentes actores y con música dramática de fondo) o una simple narración.

Oraciones y meditaciones

Una Navidad, como regalo para mis amigas y familia, grabé algunos de nuestros versículos favoritos y oraciones basadas en versículos. El compositor cristiano y artista Andre Lefebvre me dio amablemente permiso para usar de fondo su música instrumental. Las amigas y familia que recibieron el CD lo mostraron a sus amigos y familias, ¡y comencé a tener pedidos de más CD de personas por todo el país! Muchos dicen que escuchan el álbum cuando ellos (o sus hijos) no pueden dormir. Puedes escucharlo y descargar todas las oraciones gratuitamente en la página web de mi ministerio radial: http://www.takeittoheartradio.com/free/

Música para tus listas de reproducción

Quizá ya tengas una cantidad de canciones preferidas o álbumes que escuchas cuando necesitas recordar la presencia de Dios, su protección y su paz. Pero si estás buscando algunas canciones nuevas para añadir a la lista de reproducción, con nuestro tema «enfrentar el temor» en mente, aquí tienes algunas de mis favoritas en lo personal:

Álbumes:

Draw me close: Songs of Worship and Comfort, de Kathy Troccoli
Hymns & Meditations, de Fernando Ortega

Canciones:

«The Deer´s Cry», de Lisa Nelly
«Be Still My Soul», de David Archuleta
«You Are My Hiding Place», de Selah
«Give Me Jesus», de Fernando Ortega
«Cares Chorus», de Kelly Willard
«Hiding Place», de Steven Curtis Chapman

«Made Me Glad», de Sheila Walsh
«For This I Have Jesus», de Graham Kendrick
«Psalm Twenty-Three», de Kathy Troccoli
«Man of the Tombs», de Bob Bennett
«In Christ Alone», de Keith and Kristyn Getty
«Grande es tu fidelidad», de Steve Green
«It Is Well», de Wintley Phipps
«I Am», de Jill Phillips
«Hold Me, Jesus», de Rich Mullins
«Jesus King of Angels», de Sheila Walsh
«Barocha», de Michael Card

Alabanza y adoración, himnos, música clásica, música instrumental, ¡incluso tu banda sonora original favorita puede también ser alentadora e inspiradora! Encuentra lo que bendice tu corazón o ministra más a tu espíritu y escúchalo tan a menudo como puedas.

Notas

Capítulo 3

1. Matthew Henry, *Zondervan NIV Matthew Henry Commentary* [*Comentario de Matthew Henry: Obra completa sin abreviar*] (Grand Rapids, MI: Zondervan, 1992), p. 334. Publicado en español por Clie.

Capítulo 4

1. Earl Nightingale, «The Fog of Worry (Only 8% of Worries Are Worth It», *The Essence of Success*. Se consultó en línea 15 de enero de 2013. http://www.nightingale.com/articles/the-fog-of-worry-only-8-of-worries-are-worth-it/

2. Mrs. Charles E. Cowman, *Manantiales en el desierto* (Editorial Vida, 1998), nota del 1 de diciembre.

Capítulo 5

1. John Piper, *Spectacular Sins: And Their Global Purpose in the Glory of Christ* (Wheaton, IL: Crossway Books, 2008).

2. Corrie Ten Boom, *The Hiding Place: 35th Anniversary Edition* [*El refugio secreto*] (Ada, MI: Chosen Books, 2006), pp. 43–44. Publicado en español por Vida.

Capítulo 6

1. Sue Manning, «Dogs Help Scaredy-Cat Cheetahs Survive», *The Sarasota Herald Tribune*, Associated Press, 12 de febrero de 2013.

2. Pam Farrel, *Becoming a Brave New Woman* (Eugene, OR: Harvest House, 2009), p. 111.

Capítulo 7

1. Randy Alcorn, *Heaven* [*El cielo*] (Carol Stream, IL: Tyndale, 2004), p. 28. Publicado por Tyndale español.

Capítulo 8

1. Jennifer Kennedy Dean, *The Praying Life: Open Your Life to God's Power and Provision* (Birmingham, AL: New Hope, 2011), p. 151.

Acerca de Christin Ditchfield

Llamar a las mujeres a una vida más profunda; a una vida más abundante y más plena. La clase de vida que proviene de una relación más profunda, más abundante y más plena con el Autor de la vida, Jesucristo.

Ese no es solo el corazón del mensaje de Christin, sino además la pasión de su vida.

Christin Ditchfield es educadora consumada, autora, conferencista y presentadora del programa de radio *Take It To Heart!*®, que se escucha a diario en cientos de estaciones en todo Estados Unidos y en todo el mundo.

Christin ha escrito decenas de tratados evangelísticos que son éxitos de ventas y cientos de columnas, ensayos y artículos para revistas nacionales e internacionales. Christin es autora de más de sesenta y cinco libros, que se han traducido a media docena de idiomas, entre ellos se incluyen *A Family Guide to Narnia, A Family Guide to the Bible, The Three Wise Women: A Christmas Reflection,* y *A Way with Words: What Women Should Know About the Power They Possess* [*Mujer, descubre el impacto y el poder de tus palabras,* publicado en español por Portavoz].

Durante más de veinticinco años, Christin ha hablado en conferencias, retiros, banquetes y desayunos. Con frecuencia se le invita a programas de radio y televisión como *Midday Connection, Truth Talk Live, HomeWord* with Jim Burns, *Truths That Transform* del Dr. James Kennedy, y *FamilyLife Today,* Christin tiene un máster en Teología Bíblica. Si te gustó este libro, asegúrate de visitar el blog de Christin:

http://WhatWomenShouldKnow.org

Y de escuchar sus emisiones radiales:

www.TakeItToHeartRadio.com

O de seguirla en:

http://facebook.com/christinditchfield

http://twitter.com/authorchristin

http://pinterest.com/authorchristin

EDITORIAL
PORTAVOZ

NUESTRA VISIÓN

Maximizar el efecto de recursos cristianos de calidad que transforman vidas.

NUESTRA MISIÓN

Desarrollar y distribuir productos de calidad —con integridad y excelencia—, desde una perspectiva bíblica y confiable, que animen a las personas a conocer y servir a Jesucristo.

NUESTROS VALORES

Nuestros valores se encuentran fundamentados en la Biblia, fuente de toda verdad para hoy y para siempre. Nosotros ponemos en práctica estas verdades bíblicas como fundamento para las decisiones, normas y productos de nuestra compañía.

Valoramos la excelencia y la calidad
Valoramos la integridad y la confianza
Valoramos el mérito y la dignidad de los individuos y las relaciones
Valoramos el servicio
Valoramos la administración de los recursos